復興と文化

聖教新聞
「復興と文化」
取材班 編

常態化する
災後社会の
なかで

第三文明社

はじめに

かつて、「震災」と言われて、思い浮かぶのは大正十二年（一九二三年）の関東大震災くらいではなかっただろうか。ところが、この数十年で、その認識は大きく変わり、震災は日常化した。

阪神・淡路大震災（一九九五年）や東日本大震災（二〇一一年）はもちろん、新潟県中越地震、熊本県、大分県で発生した熊本地震、北海道胆振《いぶり》東部地震など、最大震度7を観測する地震が日本列島を繰り返し襲った。そして今年、二〇二四年の元日には、能登半島で大地震が発生し、四百人以上の方が犠牲になった。今も地元に戻れない避難者が数多くおられる。

繰り返される地震、さらに豪雨や巨大台風等による気象災害も加わり、新聞やテレビで、その被害を目にしない日はない。復旧・復興へ踏み出すまもなく、新たな災害が私たちのまちを襲う、そうした常態化した災後社会を私たちは生きている。

一方、そのなかでも直面する課題に向き合い、防災や減災、かけがえのない命を守る対策、被災者支援の文化は各地で芽生えている。本書の刊行のもとになった、聖教新聞紙上での連載「復興と文化」は、こうした復興の中に見る文化の側面に焦点を当て、各分野の専門家、研究者に語っていただくことを目的に始まった。

東日本大震災の翌二〇一二年三月から、聖教新聞では「災害と文明」の連載をスタートし、専門家や学術者、被災者支援に取り組む当事者の声を紹介してきたが、「復興と文化」は、その続編に当たる〈「災害と文明」の一部は、書籍『災害と文明』（二〇一五年、潮出版社）として発刊されている〉。「復興と文化」の連載を通して、「復興」理念の歴史的検証から復興財政、被災者支援法、ボランティア社会の実現まで多岐にわたり論じていただいている。

今回、これらを書籍化することになったが、新聞掲載原稿をそのまま収録した『災害と文明』とは異なり、『復興と文化』では連載に登場いただいた専門の有識者に改めて寄稿、取材を依頼し、各テーマを深く掘り下げ論じていただいた。新聞紙上の限られたスペースでは語りきれない複雑な問題について十分に考察していただけたのではないかと自負している。ご多忙のなか、寄稿、取材に応じていただいた先生方に改めて感謝を申し上げたい。

一冊にまとめるにあたっては、第Ⅰ章「人間」、第Ⅱ章「社会」、第Ⅲ章「文化」とし、三部構成とした。もちろん、「人間」をテーマとした第Ⅰ章にも「社会」や「文化」の要素は含まれ、それは第Ⅱ章、第Ⅲ章も同様である。複合化する災害、そしてさまざまな課題に直面する復興を語るとき、それらは不可分に重なり合うものだろう。

さらに、その導入として、二〇一二年六月に行った、作家・石牟礼《いしむれ》道子氏（故人）へのインタビューを収録させていただいた。『災害と文明』に掲載した内容に未掲載分を加え、再構成したものだが、インタビューからは震災直後の記憶が鮮明によみがえってくる。『復興と文化』の起点はここにある。

また、本書を締めくくるインタビューには、ノンフィクション作家として数々の災害、航空事故等に「被害者・被災者の視点」から分析を続けてこられた柳田邦男氏に登場いただいた。その柳田氏は、『「想定外」の罠　大震災と原発』の中で、「どんな災害であれ、あるいはどんな事故であれ、その原因や被害の発生・拡大の要因を分析すると、必ず具体的な技術的教訓が浮かび上がってくるものだが、より深く背景を探ると、そういう次元の問題だけでなく、現代の文明のあり方やライフスタイルや価値観をめぐって、根源的な問いかけが潜んでいることに気づかされる」と語っている。

「災害と文明」「復興と文化」等の取材のなかで、私たちが最終的に思い至る地点は、そうした現代文明のあり方をめぐる根源的な問いかけであったように思う。本書を手にされた読者が同じ思いに気づいてくれることがあれば、望外の喜びである。

最後に、『災害ユートピア』の著者でもあるレベッカ・ソルニット氏が、かつて私たち取材班に語ってくれた言葉で結びたい。

「〝すべての人が意味を持つ社会をつくっていくために戦う。私たちは一人一人が重要とされる世界のために戦っている〟――私たちはこうした言葉をいま、必要としているのです」

二〇二四年十二月

聖教新聞「復興と文化」取材班

目次

復興と文化——常態化する災後社会のなかで

第Ⅰ章　人間

第Ⅱ章　社会

第Ⅲ章　文化

インタビュー

悲しみの中で絆を確かめる

――作家・石牟礼道子氏に聞く

つながりの切れるつらさ

〈「絆が確かめられているんだと思います」――テレビ番組の中で東日本大震災に触れて石《いし》牟《む》礼《れ》道子さんは語った。水俣の人々に寄り添い続けた半世紀。その石牟礼さんが語る「絆」という言葉の奥にあるものを聞いてみたいと、熊本市内の住まいを訪ねた〉

――石牟礼さんは、東日本大震災を報じるテレビ番組の中で「絆が確かめられているんだと思います」と語っていました。

それは今、失われつつある人間の絆というものが確かめられているように感じたということです。私の生い立ちや育ちもございますけど、何がつらいかといって、身内に見放されること以上につらいことはないのではないかと思います。それは猫や犬であっても、そうではないでしょうか。

私の父は猫が大好きで、猫の子を見ると、もう目がとろけるような人でした。そんな酔っぱらいで、山芋掘りさん（しつこくからむ）の父でしたが、ある日の夕飯、かわいがっていた猫が抜き足差し足で祖母の膳に近づいて鰯《いわし》を狙っているのを見つけまして、それはそれはカンカンに怒って猫に説教を始めたんです。

「こらぁー、その卑しか盗っ人腰は何か！　ちゃんと自分の皿に置いてあるじゃろうが」。父はそう言って、猫の首をつかみ、鼻を畳にすりつけ、「めくら様とあなどって手を出したな。その卑しか精神は何か！」と叱りつけました。そして、「そういう精神の猫はおるげ（わが家）

には置かん。その鰯は、お前にくれてやるけん、たった今出て行け」と凄みをおびた声で怒鳴りつけたんです。

私も弟も、父の剣幕に圧倒され、座り直していました。その時、猫もつらいだろうなと子ども心に思いました。こんなにかわいがってもらった家から出て行けと言われるのはつらいだろう、と。けれど、「お前には愛想がつきた」と猫を叱りつける父も同じようにつらいだろうと思いました。それが「絆」というものを感じた原点になっているのかもしれません。

被災した壮年の方が震災後に、「大変でしたね、でも助かられてよかったですね」とリポーターに声を掛けられ、答えておられるのをテレビで見ました。

「おれは一人助かったけれど、おれよりも偉い人たちがたくさん死んだんだよ。帰ってこないんだよ」と言って、カミソリもはさみもないんでしょう、ひげもまばらに生えたその方は涙をはらはらとお出しになり、絶句なさっていました。

知った人も、知らない人も、たくさんの方が亡くなられたんでしょう。後は何もおっしゃいませんでしたが、その沈黙のほうに、言葉に出されたよりもたくさんの思いが込められているように感じました。そうした人がたくさんおられたのではないでしょうか。決して多く

水俣病患者の声にならない痛みを描き続けた
石牟礼さん（1970年代） 塩田武史撮影

は語られませんが、語られないことの中に、人間の絆がいっぱい詰まっているように思いました。

魂清め、人を慰める

〈一九六九年に水俣病患者の痛みを描いた『苦海浄土《くがいじょうど》』を出版。加害企業のチッソ東京本社前での患者の座り込みにも共に加わった。その半生を患者と歩み、支え続けてきた。晩年は自らもパーキンソン病を患い、療養生活を送ったが、その魂は常に水俣病患者、そして痛みを背負う人々と共にあった〉

私は書くことしかできませんから、書いてきましたけど、それも書き損なってばかりいて、長くかかってしまいました。四十年もかかって、たったの一作です。むしろ、私のほうが患者さんたちに助けられてきたのかもしれません。

先日、明水園に胎児性患者の（鬼塚）勇治君たちに会いに行きました。子どもの時から面

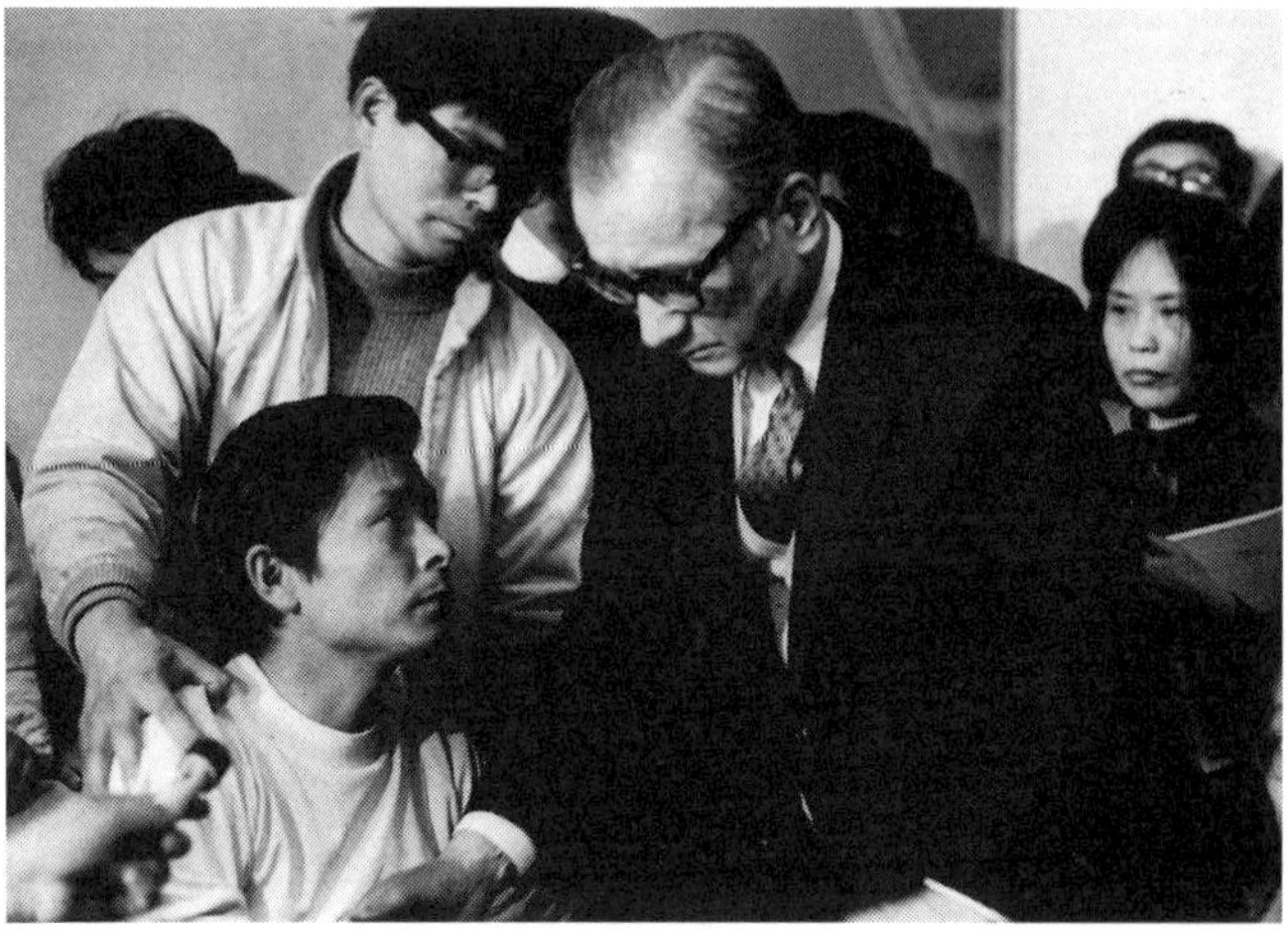

患者と共にチッソ社長との交渉の席に加わる
石牟礼さん（右端、1973年） 塩田武史撮影

と向かって話はしていませんし、勇治君も口をきけません。でも、（パーキンソン病で揺れる）私の頭を支えようと一生懸命に届かない手を伸ばしてくるんです。上がらないはずの手を伸ばして私の頭を支えようとする。そばにいた、同じ胎児性患者の加賀田清子ちゃんは、私の病気を心配して、「石牟礼さん、頑張ってね、つらかでしょうが」と励ましてくれます。私はもう言葉が出ませんでした。あの子たちは自分たちの病気が治らないことも全部分かっているんです。

『苦海浄土』の中で、おじいさんが杢《もく》太郎を「杢は、こやつぁ、ものをいいきらんばってん、ひと一倍、魂の深か子でござす」「耳は人一倍ほげて、魂は底の知れんごて深うござす」と語る様子を書きましたけれど、何でも分かっているんです、あの子たちは。人はつらい目に遭うと、魂が清められるのでしょうか。

その患者さんたちが一日一日悪くなっていくのを目にしました。治った人はいません。何かしてあげたい。そう思っても何もできませんでした。挙げ句の果てに慰められて、もう頭が下がるばかりです。

東日本大震災で被災された方々に、かなうのなら私も何かしてさしあげたいと思います。

行方の分からない人たちを一緒に探したいと思いますけれど、できないことを言ってもだめですね。でも、挫折をおそれず、何か取り組んでみることはできるのではないでしょうか。挫折からいろいろ学ぶこともあります。勇治君たちもそうやって生きてきたんですね。何度も何度も挫折して……。そうして同じ苦しみを分けていただくことではないでしょうか。そうやって、「のさる（授かる）」、生きていくすべを得ていくことではないでしょうか。

この世は、悪いことばかりではありません。美しいもの、善きものもあります。それは形になるものだったり、形にならない心であったりします。今は形にならないものから、やってみることが必要なのかもしれません。

魂の帰るべき場所

〈「形にならない心」「形にならないものからまずやってみる」とは、「日常的なあいさつや感謝の言葉という形で表れるのかもしれません」と答える石牟礼さん。そして「誰もが何かの形でお世話になっています、人様に……」と語りかける中、思い出したことがあった〉

私は天草の出身ですけれど、天草は、かつては流人《るにん》の島だったんです。昔、罪を犯した多くの人が島に流されてきたようですが、その人たちは名前をはぎとられ、名乗ることも許されませんでした。亡くなっても、墓は埋められた跡に少し土盛りをして石を乗せてあるだけでした。それでも地元の方が、ご先祖様の墓参に訪れると、その土盛りにも花芝といって、花の咲かない青い葉っぱの枝を一枝挿してあげ、手を合わせておられましたから、お墓だと分かりました。たまたまそこに行き合わせ、「どちらさまのお墓ですか」と聞きますと、「人様のお墓でございます」とおっしゃる。名前が分からないので〝人様〟。でも、島の方たちは、名前がなくても、亡くなった後もずっと手を合わせてさしあげる。島の人間にしてくださったんですね。それは亡くなった方にもきっと伝わっているでしょう。私はその時、「人様」という言葉がとてもいい言葉だと思いました。

〈二〇一一年三月十一日。この日は石牟礼さんにとって八十四歳の誕生日だった。看護師たちが花かごを持って訪れていたが、テレビをつけると、東日本の沿岸部を襲う巨大な津波の映像が目に飛び込んできた。それから何日かはテレビにくぎ付けになった。自らも被災しながら、犠牲になった人々の無念さを思いやり、絶句する姿を見た。尊い命が奪われ見送られることなく無に帰すさまに深い悲しみを禁じ得なかった〉

東日本大震災では罪も過ちもない多くの方々が亡くなられ、今なお、たくさんの方が行方不明になっていると聞いています。多くの魂が帰るべき場所を失っておられます。何ということでしょうか。その方々を「人様」とお呼びし、忘れないでいたい。亡くなられた方々との絆を切ってはいけないと思います。思ってさしあげれば、亡くなった方々の魂も帰るべき場所を見失わずにすむのではないでしょうか。(震災で)亡くなった方々との絆も大切にしなければいけないと思っています。

龍が　お月さまに翻りつく

――東日本大震災は地震、津波による被害にとどまらず、東京電力福島第一原子力発電所の過酷事故を伴う複合災害へと拡大しました。原発の〝安全神話〟を訴えてきた専門家らの言葉はむなしく響き、多くの人々が彼らの言葉に不安を感じています。人体に影響を及ぼす放射線被ばくについても、研究者の間で一致する見解が得られていません。

水俣病では、直接の原因となった有機水銀に研究者がたどりつくまで、いろんな原因が語られました。たくさんの重金属の名前も聞きました。不知火海《しらぬいかい》には、（水銀の他にも）たくさんの〝毒〟が流れ込んでいると聞きますが、海を全部さらってみることはできません。近代化の過程で、〝科学毒〟が環境を汚しているということでしょう。私たちが思っている以上に、多重、複合汚染が進んでいるのかもしれません。それがはっきりと病状として表れてきた時、人々は、そしてその絆、関係はどうなってしまうのでしょうか。

今、人類が体験したことのない〝科学毒〟によって、巨大な人体実験が進行しつつあるような気がします。それは私たちが考えている以上に猛スピードで起きているのではないでしょうか。何とかしてそれを止めさせなければならないと思います。何とかして、自然環境を、大自然を取り戻さなければいけないでしょう。でもそれは難しいことなのかもしれません。

月蝕《げっしょく》について、今度、詩を書きました。「龍が　お月さまに齧《かじ》りつく」という詩です。友人のお婆ちゃんたちは、月蝕のことをそう語るんです。腹の減った龍が空の向こうからやってきて、お月さまに齧りつく。だから世の中は暗くなった。それで「お月さまも気の毒に」って、お婆ちゃんたちは拝みなさるんです。

「竜巻というものがアメリカから轟音《ごうおん》とともにやって来て／近代百年がその内部からこなごなに吹っ飛ばされてゆくのに立ち会った／かの広重描くところの東海道五十三次の景色が恋しかった／あの頃にかえれないかしらとしきりに思っていたら／この世の景色はまたまた変り／卒塔婆《そとば》の都市を背景にいきなりスカイツリーなるものが出現した／日本人ははやくも3・11体験で免疫ができたらしい」

「鳥たちの世界では月蝕の日はどういう解釈になるのだろう／後で聞いたのだが　若い友人のお婆ちゃまは／月蝕の日のことを／空の奥から　空腹になった龍がやってきて／お月さまに齧りついているんだから／それで空が暗くなるのはいたし方がない／お月さまもお気の毒に　そう言って／お婆ちゃまは手を合わせられたそうだ」（『祖《おや》さまの草の邑《むら》』所収）

きょう、でき上がったばかりの詩です。同感していただけますでしょうか。月蝕には、説明がいろいろあります。でも、そんなことは、お婆ちゃんたちには関係ないんです。けれども、それを無知だと言えないですね。

※本稿は、二〇一二年六月に石牟礼道子氏に取材、同九月に聖教新聞の「災害と文明」に掲載した内容に未掲載分を加え再構成したもの。

第Ⅰ章　人間

人間復興の現在地

関西学院大学災害復興制度研究所顧問　山中茂樹

人間の復興唱えた福田徳三

関東大震災百年を経て、二〇二五年には阪神・淡路大震災から三十年を迎える今、私たちは災害からの再生に新たな地平を切り開くことができたのだろうか。灰燼《かいじん》と化した帝都の蘇生に初めて「復興」という言葉を採用した、時の内務大臣・後藤新平（一八五七―一九二九）に対し、大切なのは「人間の復興」と切り返し、政治は被災した人々の再起にこそ目を向けるべきだと異議を申し立てたのは、大正デモクラシーの旗手の一人にして厚生経済学者の福田徳三（一八七四―一九三〇）だった。

しかし、その後の戦災と幾多の災害を乗り越え、私たちが手にしたのは、見舞金としての災害弔慰金《ちょういきん》、地方自治体の共助としての被災者生活再建支援金など、ごくわずかであった。憲法が保障する幸福追求権を駆使して被災者自らが再出発できる法体系と社会システムを構築していくには、福田の人間復興の理念を現代社会に適合するよう翻訳し、「自力再建・自助努力」「私有財産自己責任」を被災者に強いる統治者と対峙していく必要があるのだろう。「都市空間復興」「創造的復興」と統治者が復興政策をラインアップする際の基軸としてきた理念を解析し、いかにして「人間復興」の具現化に手繰《たぐ》り寄せるか。それには、まず人間復興の現在地を探るところから始めたい。

紀元前に編まれた中国の歴史書『史記』〈列伝〉や、わが国に伝存する最も古い史書『日本書紀』にも登場する「復興」という外来語が、災害からの再起の場面で使われるようになったのは、一九二三（大正十二）年の関東大震災からだ。内務大臣にして帝都復興院総裁を引き受けた後藤新平が発災翌日にまとめた「帝都復興根本策」が、おそらくその嚆矢《こうし》であろう。

山本権兵衛《ごんべえ》首相に宛てた書簡で、後藤は「帝都の復興は、小にしては都市、大にしては帝国の『ルネサンス』」と書き、ニューヨーク市政調査会専務理事のチャールズ・A・ビアードは後藤に対し「貧弱なる帝都は列強の間に伍するとき、国家の尊厳と威容とを傷（つ）けるであらう」と忠告。さらに後藤が「帝都復興ノ議」で、「その惨害いうに忍びざるものありといえども、理想的帝都建設のため、真に絶好の機会なり」と書いて、帝都復興への野心をたぎらせたように、復興は決して被災者の「restart」ではなかった。

当時、「大風呂敷」と揶揄《やゆ》された後藤の焼土全部買上案は、まさに「新都造営」であった。だが、後藤のもくろんだ復興省は縦割りの官僚機構に阻まれ復興院へと格下げされ、事業費は大蔵省の「健全財政」という大義のもと規模縮小を強いられた。さらに、「財産権の神聖」を唱える銀座の大地主、枢密《すうみつ》顧問官の伊東巳代治《みよじ》ら「復旧派」の猛反対にあい、後藤の夢はついえたかにみえた。だが、後藤は焼失を免れた地域も含む全市の総合計画は断念したものの、区画整理を焼失地に限定し、腹心で固める東京市によって多くの事業を実施する形で切り抜けた、というのが最近の学説だ（外岡秀俊『地震と社会』、越澤明『東京都市計画物語』）。

また、帝都復興の成果として「近代的な生活を目指した不燃建築の同潤会アパート、吾妻橋、駒形橋、言問橋、厩橋など、隅田川を橋の博物館とした鉄製の名橋、日本初の海辺公園と言うべき横浜の山下公園、日本初の川辺公園となった東京の隅田公園など多くの公園、市民が集い議論する日比谷公会堂など、人間中心の各種都市施設が震災復興でつくられた」〈青山佾「都市計画の父　後藤新平」（月刊「事業構想」二〇一三年十一月号）〉と後藤をたたえる向きも少なくない。

だが、福田はこう憤慨する。

「所謂《いわゆる》文化価値なるものが、本所の被服廠《しょう》跡（火災旋風によって約三万八千人が亡くなったといわれる）にむらがって居た人々にとって何の意味を有して居たか、否《ママ》災後一ケ月の今日まだ住むべきバラックなく被るべき袷《あわせ》（裏地のある長着のこと）一枚持たず、三十日間一度も入浴もせざる人々にとって、所謂文化生活の主張者等は、果《はた》して何物を与え、何物を付け加え得るかと。人が極窮の状態に置かれたるとき、其の指導原理たり統制原理たり能わざるものに、我々は何の普遍性を認め得るか」〈（　）内は筆者注〉

さらに、「国家は生存する人より成る。焼溺餓死者の累々たる死屍《しし》からは成立せぬ。人民生存せざれば国家また生きず。国家最高の必要は生存者の生存擁護之れである」と唱えた。

例えば、関東大震災の前年にあたる一九二二年九月に実施された「東京市及近接町村中等階級住宅調査」（東京市社会局）によると、中等階級（月収七十〜二百五十円）の実に九三％が借家暮らし。家を失った多くの人たちは、日比谷公園など八十二カ所に建設された集団バラックに身を寄せた。このうち、三割強が職を失い、三割弱が転職を余儀なくされた。結果、経済的住宅難民は「間借と下宿」（「東京市社会局年報」第六回）に住まいを求めざるを得ず、一九二四年十月時点で東京市内全世帯数の約二割に相当する八万五千世帯が間借世帯となった。

福田は「親戚知人の許《もと》に避難して居る者と市営のバラックに救護せられて居る者とを問わず、少数の者を除いては、何《いず》れも徒手遊食を余儀なくせられ強制的惰民《だみん》となって居る。東京市とその隣接町村とは、今日現在何十万というこれら不本意的惰民を収容しつつあるのである。かくては、如何に内外の同情厚くとも、到底永く支え得るものではない。一日も早く収入の源泉を確保すべき生存機会の擁護が行われなければ、復興などということは、問題とならないのである」と力説している。

ゆえに「私は復興事業の第一は、人間の復興でなければならぬと主張する。人間の復興とは、大災によって破壊せられた生存の機会の復興を意味する。今日の人間は、生存するために、生活し営業し労働せねばならぬ。即ち生存機会の復興は、生活、営業及び労働機会（これを総称して営生の機会という）の復興を意味する。道路や建物は、この営生の機会を維持し擁護する道具立てに過ぎない。それらを復興しても、本体たり実質たる営生の機会が復興せられなければ何にもならないのである」と訴えた。

それだけに「復興院と云う厖大《ぼうだい》な機関が設けられたけれども、其掌《つかさど》る所を聞けば、要するに、都市計画の一事を出でない」とし、「政府の復興に関する方針や施設は、依然として物本位のものであって、人本位の施設に至っては、ほとんど聞くことを得ないからである。後藤子が企てる復興は形式復興に偏し、道路、建物、公園等に主として着眼し、物の技師は八方から集めてくるが、これらを利用すべき人間の復興については、一体如何するつもりなのか一向わからないのである」と非難した。

つまり、区画整理で喜んだのは土地の利便性が増した大地主だけで多くの被災者は住宅難と失業にあえぐ災後となったのだ。いわば、後藤新平の帝都復興は、日本最初の「復興災害」だったといえるかもしれない。

都市計画に内在する傲慢

そもそも区画整理に代表される都市計画の始点は、一八七二（明治五）年の銀座大火の後、立案された市区改正計画とされている。明治十年代に論議された東京改造計画が、「都市改造」を意味する普通名詞となり、やがては「都市計画」と呼び名を変えることになる。都市計画に近い包括的なプランを打ち出したのは、一八八二年に東京府知事になった芳川顕正《よしかわあきまさ》だ。内務官僚だった芳川の発想は、東京を国土の中枢として位置づけ、帝都の都市改造と、国土開発とを緊密に結び付ける、いわば国土軸の形成だった。東京大学名誉教授で建築家の藤森照信によれば、芳川案は「歴史や環境や美しさといった都市のふくらみには一切目もくれず、あたかも都市とは道路の別名でもあるかのように、ひたすら、道作りにはげみ日本橋の真上にまで高速道路を通すようになる」、日本の都市計画の「土木工学的個性」がここに発症する、というのである（藤森照信『明治の東京計画』）。

さらに、関東大震災の四年前の一九一九（大正八）年に都市計画法と市街地建築物法（のちの建築基準法）が成立するのだが、この法制化の過程で、「傲慢なる都市計画」という「宿痾《しゅくあ》」

を抱えることになる。都市計画の法制化を主導したのは、後藤が終生、会長を務めた都市研究会（現：都市計画協会）だ。事務局を内務省に置き、建築界の大御所や内務官僚のテクノクラートが集められ、行政セクショナリズムと地域エゴイズムを超越し、都市を総合的に設計する、と構想は壮大だった。だが、地元の都市問題を解決するための包括的な法制度でありながら、都市計画の決定は、内務省主導の委員会が握り、自治体はその立案に参加できず（もちろん住民など論外）、事業執行の責任と費用だけを押しつけられる建て付けとなった。

法政大学名誉教授の本間義人《よしひと》（都市政策）は著書『土木国家の思想　都市論の系譜』の中で次のように土木国家を断罪する。

「（都市計画法は）東京だけでなく、その対象を全国に拡大し、『国家高権』を確固たるものにしたのであった。旧法が全面的に改められた新法においても、それは『承認』と『認可』というかたちを変えて国家が都市を支配する構造を維持しつづけている」「なぜ『国家高権』が問題なのか、それは例えば国が持っている許認可権限や、国が地方をコントロールする一つの手段として行使している補助金の実態を見れば、それは明らかであろう。この権限と財源をめぐって中央政府が所在する霞ヶ関に地方政府関係者と業者が集まり、政・官・財界の癒着構造が構築される基盤、つまり土木国家形成の基盤そのものがそこにあるからにほかならない」

　これを受け、阪神・淡路大震災当時、朝日新聞社の編集委員だった外岡秀俊は「都市計画といえば道路中心の公共事業を意味し、住宅政策との連環が見落とされがちな傾向は、既にこの法制化の過程でも明らかになっていた。国家が、住宅を含めた総合的な都市計画のための支出を出し渋り、都市改造による地価上昇分が公共のために還元されないという基本構図は、戦後も引き継がれ、私たちがまだその影響から脱しきれていないバブル期に、より鮮明な形をとって現れることになる」（『地震と社会 下』）と結論づけている。

　計画に内在する、ある種の傲慢さは、自治を奪うという、この制度の出自と強い関係があるのかもしれない。都市計画と人間復興の軋轢《あつれき》は、戦災復興でも顕在化する。

　国は戦後の一九四五（昭和二十）年十二月三十日に「戦災地復興計画基本方針」を閣議決定し、翌四六年に特別都市計画法を制定、全国百十五市町村（後に百十九市町村）を「戦災都市」に指定し、復興事業に乗り出すことになった。基本方針では主要幹線道路の幅員は大都市五十メートル以上、中小都市三十六メートル以上で、必要箇所に五十～百メートルの広幅員街路または広場を設ける。緑地の総面積は市街地面積の一〇％以上で、必要に応じて市街地外周に緑地帯を造る。さらに、市街地整備に伴い共同溝を設置、都心部及び防火帯地区は堅《けん》牢《ろう》な建築物以外の建物を禁止し、その他の地区もできるだけ耐火にする計画であった。

だが、二〇一一（平成二十三）年五月三十日に開かれた国土政策研究所の講演会で、国交省技監を務めた後、退職し、独立行政法人水資源機構理事長や筑波大学、日本大学などの客員教授を務めた甲村謙友《こうむらけんゆう》は、東京の戦災復興は失敗したとして、次のように語っている。

戦後の復興では、戦災復興院の総裁を務めた小林一三《いちぞう》（阪急電鉄創業者）が、憲法は変わったのだから自治体に任せようと主張し、大都市も自治体としてやらせてほしいとのことで、戦災復興は補助事業として自治体が施行することになった。各自治体の首長が戦災復興に熱心であればよかったのだが、東京都知事はちょうど官選から民選に変わった時期で、初代の民選知事・安井誠一郎は、寝る家もなく、路頭をさまよう都民の住宅確保こそ最優先課題と、戦災復興都市計画を握りつぶしたと解説し、「この件で後世、非難されるのは覚悟のうえと安井都知事は言っているので、この際、私も批判します。戦災復興をしないで、当面の住宅、食料確保を優先した東京と、復興に熱心だった名古屋や広島と比較すると、その成果に大きな差が出てきているのです」と非難した。とりわけ疎開跡地を広島や京都は公有地化したのに、東京都は民間に払い下げてしまった。延焼防止の防空緑地も耕作を許していたために農地解放の対象となって、小作人に払い下げられてしまうなどして、広幅員道路や緑地の種地を失ってしまった、とする。

北海道大学名誉教授の越澤《こしざわ》明も、著書『東京の都市計画』の中で「全国一一五の戦災都市のなかで、政府の戦災地復興基本方針を最も忠実に、大胆に、そしてロマンティックに採用したのは東京の復興計画である。しかし、全国一一五の戦災都市のなかで、復興計画の実現化に最も失敗した都市もまた東京であった」と弾劾する。さらに、著書『大災害と復旧・復興計画』の中で「小林総裁は『戦災により、日本は全土が焦土と化したのだから、その復興は到底国費を以て賄い切れるものではない。出きる限り、地方の自力復興に委ねるべきである。従って予算の要求は最小限に止めよ。』との意見であった」と戦災復興計画に消極的だったと責めている。

小林総裁は宝塚少女歌劇団や阪急電鉄、阪急百貨店を創設したことで知られる自由主義経済人だ。統制経済や電力の国家管理に反対し、戦災復興に当たっては、現在の三分の一の「縮小・新大阪市」を立案するなど、旧内務官僚とは真っ向から対立した。

小林総裁は一九四五年十月三十一日付の『毎日新聞』で「私の命ぜられた第一の要件は戦災者に出来るだけ早く安定した家屋を提供することだ（中略）全国の百近い都市が爆撃されそれを復興するのに政府の力だけでやるのは無理で地方自治といふか官民一体といふか、その土地の人が全力をあげて復興するといふ気分を作ることが必要だ。しかしこれがためには土地の価格を根本的に修正（中略）土地価格は下げる工夫をせねばならぬ」と述べている。

一方、安井知事は自著『東京私記』の中で、戦災復興へのざっくばらんな心情をつづっている。『東建月報』二〇一一年三月号によれば、東京へ「難民のように」人が流入してくることを挙げて、「震災計画にならうな」と考え、「机の上でどんなみごとな復興計画の作文をしてみたところで、手の施せる現実ではなかったのである」「これ以上のムリを都民に強いる施策はあとにまわそう、と部内を説いて、あまり見栄えのせぬ復旧に精をだしてもらった」と記述している、という。

先述のように甲村は「戦災復興をしないで、当面の住宅、食料確保を優先した東京と、復興に熱心だった名古屋や広島と比較すると、その成果に大きな差が出てきているのです」と非難しているが、そもそも彼にとっては復興の中に戦災で家族を失ったり、焼け出されたりした人たちの再起・再生は含まれていないのだろうか。

区画整理に抗うまちづくり

都市空間復興論者の主張には二つの問題がある。第一には、何を復興の対象にしているのか、ということだ。空間復興論者の考える復興の理想像は、立派な広幅員道路が通る街で抽象的な都民が働き、暮らす未来の首都だ。

ハイパーインフレと闇市、復員兵や引き揚げ者の失業問題と犯罪の増加、戦災孤児や進駐軍兵士を相手にした街娼《がいしょう》の大量出現など、山積みの問題を解決しなくて何が理想的な首都建設であろう。甲村や越澤は、当時の安井知事や小林総裁を非難するなら、後知恵でもよいから、どのような被災者救済策（住宅再建や生業再建を含む）が考えられるのかを示したうえで批判すべきだろう。

第二に、理想的な都市像は時代とともに変化するが、被災者の支援は、よほどの独裁者でもない限り、為政者にとって真っ先に取り組まなければならない施策だろう。戦災復興の基本方針は、広幅員道路が計画の主軸だが、時代の変化とともに交通量が増大し過ぎ、今度は交通公害が社会問題となり、都市の周縁に駐車場を設け、都心へは公共交通機関を利用する「パークアンドライド」システムの採用が声高に主張されもした。阪神・淡路大震災では、「阪神高速道路を再建すべきではない」との意見もあった。甲村は、関東大震災以降、東京市内（当時）の舗装率が急上昇したことを評価しているようだが、路地裏までアスファルトで覆われた都市では「ヒートアイランド現象」が起き、わんぱく小僧たちのコミュニティー形成に欠かせなかった「くぎ刺し」「三角ベース」「にくだん」など地面が土でなければできない遊びはなくなり、横町から子ども集団を放逐《ほうちく》してしまった。

さらに、都市空間復興論者の問題は、減歩・換地を当然のこととし、災害や戦災を奇貨として、被災者が正常な判断力を失っているときに街区の改変をしようとしていることだ。

越澤は「都市計画の事業財源が確保されなかったため、府県や市はなかなか事業実施に踏み切れなかった。日本では震災や戦災という災害の後でしか都市計画が実行されなかった原因は立法時のいきさつにある」（越澤明『東京都市計画物語』）と説明する。

だが、それは都市計画の決定権を自治体や市民から奪った結果に過ぎないことを忘れてはいないだろうか。表向きは否定するだろうが、中央官僚や学界の一部につきまとう地方に対する選良意識と愚民観が自治意識や市民力を奪ってきたと言えなくもない。

その都市計画の建て付けにささやかな抵抗を試みたのが、阪神・淡路大震災〈一九九五（平成七）年〉の被災地・兵庫県の知事、貝原《かいはら》俊民《としたみ》（一九三三―二〇一四）だ。貝原が進めたのは二段階都市決定方式である。

第一次の都市計画としては、まちづくりの大枠の決定にとどめ、それ以後、関係住民と徹底した論議を積み重ねて、住民の意見を反映した第二次の都市計画を決定する。その間の意見調整の中で、必要があれば、第一次で決めた大枠を弾力的に変更できるとした。

もっとも、この方式でも、神戸大学名誉教授の塩崎賢明《よしみつ》は「2段階目に参加性を含ませることによって、実際には1段階目の決定の重要部分を固定化する役割を果たしたといえる」とし、京都府立大学元学長の広原《ひろはら》盛明は「超スピードで都市計画決定した言い訳としてもち出される『2段階都市計画』なるものは、市が『まちの骨格』（第1段階）を最初に決定し、その枠内で『小さな改良』（第2段階）を被災者に委ねるという上意下達の仕組みであり、〝官主導型都市計画〟の別名にすぎない」と手厳しく評価する。

とはいえ、この二段階方式のおかげで行政の震災復興土地区画整理事業を押し返し、七年余りにわたって「広い道路はいらない」として住民独自のまちづくり案を携え、行政と渡り合った地区がある。西は神戸市、東は芦屋川に接する兵庫県芦屋市西部地区だ。

当時、地域にまかれた住民の会のチラシが区画整理に反対する住民の率直な思いを綴っている。とりわけ減歩に対して「土地価格の値上がりは住む者にとっては迷惑です。路線価格が上がり、固定資産税、都市計画税が上がるだけです。土地価格が高くなるのは売ってこそのメリットでそこに永年住む者はそのような事は望んでおりません」とし、「地震で家や家財、家族さえも失った被災者から、さらに土地やお金を取り上げる。誠に不合理なことです。被災者の大半は壊れた家のローンを抱えている者、年金生活をしている者たちです。経済的負担は大変なものです」と、区画整理の論理に真っ向から異議を申し立てた。そもそも明治、大正時代に骨格がつくられた都市計画事業だ。しかし今は人口減少時代であり、少子高齢化も進む。都市計画は必要ではあるが、縮小の時代に見合った新しい論理で見直す時期にきているといえるだろう。

「失われた十年（後に三十年）」と言われる景気低迷期に発生した阪神・淡路大震災の復興には都市計画ではなく、右肩下がりのベクトルを一気に押し上げる革命的な理念が必要だった。そこで、貝原知事によって提唱されたのが「創造的復興」だ。二十世紀前半の代表的経済学者ヨーゼフ・シュンペーターが唱えた「創造的破壊」という言葉の対句として生まれたこの理念の目標は、国家レベルでは、軍事を背景にした二十世紀型の競争国家ではなく、平和をベースにした二十一世紀型の安心・安全な国家づくり、地域レベルでは、官主導集権型から民自律分権型への構造転換である。特区による一国二制度を求めるなど新自由主義との親和性も高いが、国家戦略型の特区ではなく、さまざまな企業が競い合う熱帯雨林型の特区を求めるなど、あくまで基本は地方分権だった。

と同時に、被災者生活再建支援法の原型となった総合的国民安心システムの提唱やフェニックス住宅再建共済制度の単県実施、幹部職員を本務から外して有識者らとチームを組ませ、被災者の声を聴いて回る被災者復興支援会議の設置など、「人間復興」に寄り添う支援制度がセットで実施されたことも忘れてはならない。

ところが、東日本大震災（二〇一一年）の宮城県や熊本地震（二〇一六年）の熊本県などでは

「創造的復興」を唱えながらも、国に財政出動を求める中央依存型の災害復興に矮小化され、震災を奇貨として空港の民営化や農地の集約化などを推進する新自由主義的経済復興に変質した。

「属地主義」から「属人主義」へ

人間復興に話を戻そう。福田は生き残った人たちの生存権擁護を訴え、そのためには生活本拠たる住まいの保障、さらには毎日、暮らしていくための労働権の尊重を唱えた。生存権とは、「すべての生存するものが平等にかつ完全に享有すべき最根本的、最本来的の権利である。国家社会はその中に生くるものに対して一様にこの本来権を認め、その主張を擁護すべき高き使命を有するものである。この高き使命を侵害する他の権利は、この使命の前には何等の権威をも有することはできない」とした。

災害における生存権を実定法として形にしたのが、一九六七(昭和四十二)年の羽越《うえつ》水害を契機に新潟県出身の自民党国会議員・佐藤隆(一九二七―一九九二)らが取り組んだ個人災害救済法制定運動だ。一九六一年の災害対策基本法案の審議から一九七三年に「災害弔慰金の支給等に関する法律（災害弔慰金法）」が成立するまでの十二年間にわたって国会論議が続き、最終的には佐藤議員が推進役となり、自然災害における犠牲者や障害を負った人たちへの見舞金と被災者への貸付金を柱とした弔慰金法という形で決着をみる。

この国会論議の中で、参院災害対策特別委員会の説明員は「個人災害の程度をどういうふうに考えるかということでございますけれども、総理府（現・内閣府）の考え方としましては、個人の災害による生命及び身体の被害、要するに物的損害を除きまして生命及び身体ということに関する被害という点に限りたい」と説明している（一九七一年九月十七日）。この方針が、「住まいの再建なくして復興なし」が合言葉になった阪神・淡路大震災で、村山富市《とみいち》総理の「一般的に自然災害等によって生じた被害に対して個人補償をしない、自助努力によって回復してもらうということが原則になっている」（一九九五年五月十九日）という参院予算委員会での答弁につながったといえるだろう。

これに反発した被災地では、「ベトナムに平和を！　市民連合」の反戦運動を指導した作家の小田実《おだまこと》を旗頭にした市民・議員立法運動が「生活再建援助法案」を発表すれば、貝原知事を支える全労済や連合、日本生活協同組合連合会などが「被災者支援法」の実現を求め、全国で約二千四百万人の署名を集めるなど、両勢力は時に反発しながらも国会・政府を包囲、公的保障（初期は「公的補償」）運動を盛り上げる一方、「災害相互支援基金制度」の創設を求めるなど、被災者生活再建支援法の立法化に向けて突き進んでいく。

年齢・所得要件付き最高百万円という「災害版生活保護法」とでもいうべき水準ではあったが、一九九八年五月、被災者生活再建支援法が成立し、「私財形成に公的資金を投じることは許せない」とする財政規律派や新自由主義派の厚い壁にようやく「蟻の一穴」を開けた。「小さく産んで大きく育てよう」との合言葉のもと、支援法の改正運動は続き、二〇〇〇年の鳥取県西部地震で同県独自に実施した最高三百万円支給の住宅再建支援策が波紋を広げると、二〇〇四年には支援法に居住安定支援制度が導入されるなど、次第に知事会や支援運動の政府・国会包囲網が無視できない力となり、これに呼応した中央官僚や国会議員の協力もあって、二〇〇七年、ねじれ国会ではあったが、年齢・所得要件を取り払い、支給額最高三百万円という改正支援法が成立し、財務官僚を少々慌てさせることになった。法制定後、課題だった中規模半壊についても、東日本大震災を経て、二〇二〇年の改正で適用が拡大されることになった。

　とはいえ、市民がつくったともいえるこの支援法が東日本大震災の広域避難者には役に立たなかった。同法は特定長期避難世帯に支援金を支給することになっているが、対象は自然災害の被災者で、元の市区町村に再度居住することが要件だ。最大で六万人を超えた、原子力発電所の炉心溶融事故で福島県外に避難した人たちは対象外となった。これだけではない。おおむね被災者支援は、被災した都道府県か、市区町村に居住している人たちに限られる属地主義で貫かれている。原発避難者に対する現行の支援制度も、一部家賃補助などを除くと原則として福島県内に住んでいる人か、帰ってきた人のみを対象とする「属地主義」で構成されている。しかし、原発災害に限らず災害による避難者にとって、都道府県境という人為的な線引きは何の意味ももたない。

　一八八九(明治二十二)年八月の大水害で奈良県十津川村の被災者約二千五百人は、遠く北海道に避難し、明治政府から石狩河畔に土地をもらい受け、新十津川町をつくっている。関東大震災では、東北から東京に働きに出ていて被災した人たちが、出身県から無料切符を支給されるなど東北各県の支援を得て一時帰郷している。かつての日本は長期・広域避難問題に全国的な視点で対応してきたのだ。今後、起きるであろう南海トラフ巨大地震や首都直下地震では、もっと多くの人が全国に避難するはずだ。復興法制度の視点を「属地主義」から「属人主義」へ転換する対応こそが来たる巨大災害の時代には求められているといえるだろう。

被災者主権の復興の仕組みを

福田徳三は、復興の担い手について、震災直後は「救世軍、東西本願寺、基督教青年會、同愛會、同心會、櫻楓會等少数の健気なる人々のみ」だが、これらは「慈善救済」に過ぎず、この時期を過ぎると「真の復興者は罹災者自らを措《お》いて外にない」と喝破。「復興の最根本動力」は「自らの働きを以って生きて行かんとする堅い決意を以て居る人」と檄《げき》を飛ばした。

災害発生時の社会・経済情勢に左右されず、社会的価値を最大化しようとする為政者に対抗して「人間の復興」を実現するには、福田のいう「真の復興者は罹災者」であることを法的に担保する被災者主権の仕組みを構築することが必要だ。

災害対策基本法は、国に中央防災会議、地方に地方防災会議を設置し、防災基本計画と地域防災計画の作成及び実施の推進、災害時の情報収集、各機関の連絡調整、非常災害における緊急措置の計画及び実施の推進を行うよう定めている。

ならば防災会議と対をなす「中央復興準備会議」と「地方復興準備会議」の設置を災害対策基本法に定め、裁判員が国民から選ばれるように各地域から「復興準備市民委員」を一定数、参加させることを義務づける。それも連合自治会の会長や婦人会のトップといったように既存団体の長を「充《あ》て職」のように指名するのではなく、まさに市民の中から順次、無作為に選ぶようにする。

市民委員は、平時であるが故に自分が被災したときのことを考え、米国の哲学者ジョン・ロールズが『正義論』において唱えた「格差原理」――差別原理ともいう正義の原理の一つで、最も不利な立場におかれた人の利益を最大化することに力を注ぐことを実現しようとするはずだ。

つまり被災してからではなく事前に被災したと想定して議論を始めるため、被災で最も不利益を被る階層への手厚い施策を用意することに多くの異論は出ないだろうし、復興にあたっての政治的自由や冷静な議論など基本的な諸自由をあらかじめ担保しておくことも可能なはずだ。

実際に発災した際は、市民委員の中から復興政策の立案を担える人材を見つけ出し、名称から「準備」が取れた「地方復興会議」の中核的人物として活躍してもらうことになる。地方復興準備会議は、まさに日本国民が民主主義を学び、実践する場となるはずだ。

これまで災害のたびに、政府や自治体に委ねてきた私たちの運命を自分自身の手に取り戻す。福田徳三が「復興」に「人間の」という修飾語をつけることで被災者を「復興の最根本動力」に育て上げようとした熱い思いを実現することになるだろう。

主要参考文献

福田徳三（二〇一二）『復刻版 復興経済の原理及若干問題』関西学院大学出版会
山中茂樹（二〇一三）『人間の復興』関西学院大学出版会

災害ケースマネジメントの提唱

弁護士　津久井 進

被災者に寄り添い、生活を再建する

日本国憲法における最も重要な条文の一つは、第一三条「すべて国民は、個人として尊重される。生命、自由及び幸福追求に対する国民の権利については、公共の福祉に反しない限り、立法その他の国政の上で、最大の尊重を必要とする」とされているが、この条文を平易に説明すると、「一人ひとりの生命、自由、幸福追求の権利を最大限に尊重する」ということである。

こうした憲法理念を礎とし、災害時に傷ついた被災者を支援するために、一人ひとりの被災者に寄り添い、その人の心身の健康や幸福追求の基盤となる生活を再建するためにあらゆる手を尽くすことを目指し、その普及を提唱しているのが「災害ケースマネジメント」である。拙著『災害ケースマネジメント◎ガイドブック』（二〇二〇年）では、被災者一人ひとりに寄り添い、その個別の被災状況・生活状況などを把握し、それに合わせたさまざまな支援策を組み合わせて計画を立て、連携して支援する、その仕組みについて詳しく紹介した。

折しも内閣府（防災担当）は、令和四年（二〇二二年）三月に「災害ケースマネジメントに関する取組事例集」を取りまとめ、政府の有識者検討会を経て、令和五年（二〇二三年）三月には「災害ケースマネジメント　実施の手引き」を取りまとめ、国としても災害ケースマネジメントの取り組みに本腰を入れ始めた。

今や社会は成熟期を迎え、集団的対応・マス視点を中心とする世の中から個別的配慮が必要なピアな時代に移行している。たとえば、ＩＴ技術は人々の生活の隅々まで普及し、ウェブの世界では個々の指向に沿った情報の受発信が当たり前になった。経済や物流の場でも個別ニーズに即したマーケティングやきめ細やかなサービスが一気に広がっている。教育の現場でも個別指導が中心になり、一人ひとりの心情や境遇に寄り添うことが求められている。高齢者等の介護福祉はケアマネジメントが制度として実践されている。そうであれば、当然のことながら、被災者に対する支援も一人ひとりに寄り添った対応こそが時代の要請になっているといえる。

それでは被災地の現場で一人ひとりが大事にされているのであろうか。令和六年（二〇二四年）一月一日に発生した能登半島地震の現場に何度か足を運んで、私たちの提唱する災害ケースマネジメントが求める対応と、被災地の現場で行われている多くの行政対応との落差に、深い不条理を感じた。

私は一月四日に石川県庁に足を運んだが、庁内は落ち着いた空気に包まれ、危機管理関連の部署を除いてそれ以外は平時モードで仕事が進められている様子を目《ま》の当たりにした。庁内全体が災害対応でてんやわんやにごった返して混乱の渦中にあるだろうという想像は裏切られた。全国から応援に駆け付けた応援職員もどうしたらよいのか迷っているように見えた。生命維持の限界水準となる「災害救助の七十二時間」が過ぎる瞬間にも立ち合ったが、庁内でその時刻を過ぎる緊張を感じることはできなかった。どうしてこのような事態になるのだろう？　私の疑問に対し、後日、さまざまな立場の方々から、石川県庁内に以前からある「縦割り文化」の実情や組織構造上の問題等について解説を受けた。頭では理解できたが、私の災害文化観に照らすとふに落ちるような納得はできなかった。

その後、何度か能登半島地震の被災地に出向いて、被災者の人々と対話する機会を得た。弁護士として助言をしたり、支援制度に関する相談に乗ったりしながら、少しでも片付けや復旧、生活再建が進んでいくことを祈るような気持ちで見守っていた。しかし、遅々として進まないことは多くの報道の通りである。

五月初旬に、能登半島地震の被災地を訪れた際には、激震と津波と火災の三重被害に襲われた能登町の白丸地区のほか、輪島市の町野地区、珠洲《すず》市の鵜飼《うかい》地区など壊滅的な被害を受けた地域を中心に回った。その惨状を目の当たりにすると、何度訪れても言葉を失う。倒壊した家屋が通りに並ぶ非日常的なありさまは、あまりに残酷な世界であり、その痛ましさに切ない思いが込み上げてくる。積み上がった瓦礫《がれき》の中に、泥だらけになった年賀状の束を見つけた。きっと元日の朝に差出人の顔を思い出しながら家族間で会話が弾んでいたのだろう。別の倒壊家屋では、壊れたボードゲームやおもちゃが散乱していた。孫たちが正月に遊びに来て楽しんでいたのかもしれない。被災して瓦礫になった家屋を前にして誰もが言葉を失うのは、そこに人々のつつましい日常が存在し、突然にそれが奪われることで茫然《ぼうぜん》とする心境に自分の思いを重ねるからだろう。幾度、遭遇しても胸が痛む。

一月一日の地震発生から四カ月以上も日時を重ねているにもかかわらず、まるで昨日地震が起きたばかりのように時が止まっている。その様子は人の手が届いておらず、いまもなお惨事が続いていることを物語っている。日本社会は技術と経済によって高度に発展したはずだ。しかるに、ここには「健康で文化的な最低限度の生活」(日本国憲法第二五条)は存在していない。あらためて生存権の意味を問い直さずにいられない。

私たちは普通の日常生活を過ごしているとき、憲法の存在を意識することはない。しかし、人権が損なわれたとき、あるいは、当たり前に存在する平和が失われたときにこそ、憲法はその力を発揮する。憲法は、戦後の焼け野原になった日本の復興に向けた道しるべになった。戦災の焼け野原と見誤るような能登半島地震の被災地で必要なのは、希望の光である。人権が危機にさらされた災害時だからこそ、憲法の理念を追求し、実践する意義がある。

災害が起きると人々は生命の危機に直面する。そこから立ち上がり日常を再建するプロセスを復興というならば、「復興」は「生活の紡ぎ直し」ということになるだろう。そして、憲法は「健康で文化的な最低限度の生活」を生存権として保障している。この文脈で登場する「文化」は「生存の条件」だ。災害大国に生きる私たちには、かけがえのない生命を守り生活を取り戻す方策が求められている。そう考えた上で被災地に目を向けると、復興と文化から取り残された人々がなんと数多く存在していることか。

在宅被災者の群像、そして災害関連死

被災者支援制度から置き去りにされた人々がいる。平成二十三年（二〇一一年）三月の東日本大震災で被災した宮城県石巻市には、数年たっても床が抜けて雑草の生えた部屋、踏むとブヨブヨする床、開いた穴をガムテープでふさいだ壁、柱が腐って傾きボールを置くとコロコロと転がり出す家など、目を疑うような惨状の下で何年間も暮らし続けている人が大勢いた。「在宅被災者」と呼ばれる人々である。「なぜ、このような状態を我慢しているのですか」と尋ねると、「逃げて避難所に行ったんだ。満員で入れてもらえなかったのさ」「お父さんが

高齢だから、避難所の共同生活は無理」「一部損壊の認定だった。自宅で住めるでしょって言われて、戻るしかなかったの」といった答えが返ってきた。一部損壊の判定に問題があることは明らかだが、あきらめる経験を何度も積み重ねたその人は、二次調査の申請をする意思がなえてしまっているのだ。ある人は低い声で「私は被災者じゃないから」とつぶやいていた。被災後しばらくの間、住宅が残った人々は、「自宅避難者」とか「二階生活者」とか「ブルーシート族」と呼ばれ、そもそも被災者として扱ってもらえなかった。そのため、弁当など生活物資も満足に受け取れなかったし、仮設住宅には提供された自治体からの情報も人々には届かなかった。しかし、間違いなく彼らは支援を受けるべき災害の被害者にほかならない。

能登半島でも多くの在宅被災者が既に生まれている。そして在宅被災者の多くが無言のままでいる。なぜ黙っているのか。置き去りにされたままひたすら黙って我慢を続けるサイレント・マジョリティー。その存在自体が現在の仕組みの不合理さを物語っている。

せっかく災害から命が助かったのに、その後の苦しい避難生活の中で落命した人がいる。「災害関連死」である。「直接死」は災害の物理的影響で死亡する事実死であるが、「関連死」は災害の生活上の影響で死亡する社会死である。

東日本大震災で被災した陸前高田市に住む男性は、津波によって実の父母のように慕い大切にしていた義理の父母を奪われ、生業《なりわい》だった小売店も失った。妻と共に店の再建に奔走したが順調に進まなかった。大学進学する長女の学費も工面する必要があったが、その年の十二月、彼は心筋梗塞で亡くなった。五十六歳だった。妻は「なぜ夫は死ななければならなかったのか」の答えを求めたが、市役所は単なる病死で災害とは無関係だと断じた。地元で被災者支援に取り組む在間《ざいま》文康弁護士が遺族の代理人として提訴した。その結果、盛岡地裁は災害関連死と認定した。妻は夫の死が災害によるもので、自己責任ではないという判断を得て、少し心の整理ができ、前を向くことができたという。

私自身が担当したケースは、ご夫婦と小学一年生の娘の三人家族だった。福島第一原発事故(二〇一一年三月)で福島県の内陸部の町から遠く兵庫県まで避難してきた。妻と娘を守らなければならないという一心で奔走した夫は、夏ごろから酒量が増え、うつが悪化し、その年の十一月に自死を選んだ。残された妻が避難元の役所で手続きする際、原発避難の場合は関連死には当たらないと聞き、それを信じ込んでいた。七年後に支援者を通じて私と出会って改めて市に申請したところ、関連死であると認められた。就学中の娘は震災遺児として認められ、物心共に支えを得て、はじめて父親の遺書を読むことができ、前を向く一歩となった。

平成二十八年（二〇一六年）四月の熊本地震では、熊本市民病院で心臓病手術を受けて入院していた四歳の女児が、病院が被災したため福岡市の病院に転院した。ところが、長時間の移送で容体が悪化して五日後に死亡した。この女児は災害関連死と認定された。父親は「娘は病気には勝ったんだ。強かったんだと思う」と涙を流した。公的に災害関連死と認定される意味は大きい。「どうして自分の家族が死んだのか」「災害のせいなのか、私が悪かったのではないか」と答えのない問いに悩む遺族に対し、心の整理の一助となり得る。

災害関連死は「救うことができる命」だったという点を見逃してはならない。なぜ復興プロセスの中で救えなかったのかという問いに対して、十分な調査も検証も行われていない。東日本大震災の関連死の総括が未了であることは、熊本地震や西日本豪雨（二〇一八年七月）で関連死が続いていることと無関係ではない。能登半島地震では、一月に関連死と見られる人が十五人という県の公表後、四カ月にわたって人数が更新されない異常事態が続いている（二〇二四年九月末までに石川県の珠洲市や輪島市、能登町など九市町で計百四十七人、新潟市で二人、富山県高岡市で二人の災害関連死が認定された）。

災害関連死者数を追いかける際に見落としてはならない問題がある。関連死として認定されるには、災害弔慰金《ちょういきん》の申請をしてそれが認められた場合に限られるということだ。東日本大震災の翌年の夏、宮城県の仮設住宅で五十代の男性が自殺した。状況からして関連死と認定されてしかるべきケースだったが、母親が「苦労しているのはうちだけじゃないから」と言って申請をしなかった。地区の民生委員は「あえて申請をしない方がたくさんいた」と証言している。ある識者は「災害や事故で大切な人を失った遺族にとって申請という行為は容易ではない。災害関連死の実態が見えてこない要因の一つは申請主義です」と指摘する。申請主義という制度のために多くの災害関連死が埋もれたままになっているのだ。

震災障害者、借上げ復興住宅の居住者たち

災害で一命は取り留めたが心身に重い障害を残すことになった「震災障害者」は、人生の大きな修正を強いられたにもかかわらず、ほとんどの場合は何らの補償もない。阪神・淡路大震災（一九九五年一月）で被災した神戸市東灘区に住む男性は、震災で崩れたビルの瓦礫に

埋まり十八時間後に救出されたが、歩行に障害が残った。周囲からの「命が助かって良かったね」という言葉が胸に突き刺さり悩みを打ち明けられなかった。震災のとき、中学三年生だった女性は、ピアノが頭部を直撃し高次脳機能障害になり、身体障害、知的障害（療育）、精神障害の手帳を持つ身になった。どんなに大きな障害を背負うことになっても、救いの手は届かない。彼らは息を潜めて過ごし続け、声を上げるまでに約十五年の月日を要した。

震災障害者への支援のあり方は考え直した方が良い。障害の種類も、生活上の困難の内容も、必要な支援もそれぞれ異なる。この一人ひとり異なるニーズに正面から応えることが必要である。しかし現実は明らかに不十分だ。とりわけ、支援制度がとても手薄である。災害障害見舞金の対象者は両眼失明や両上肢ひじ関節以上切断など労災一級相当の最重度障害者に限られる。とても狭き門だ。これに該当しない人は除外されてしまうのである。労災で年金支給の対象となる一〜七級までの重度の障害まで要件を緩和する見直しが必要だ。また、支援は見舞金の支給だけで、震災障害者が苦しむ「復興格差の拡大」への手当てもない。必要なのは金銭支給だけでなく、むしろ「人の手」ではなかろうか。

阪神・淡路大震災から二十年がたち、ついのすみかと信じていた住居から突然追い出される被災者たちが苦しんでいる。八十一歳になった女性（故人）は、五十七歳で震災に遭い、避難所を転々とした末、ようやく「借上げ復興住宅」に入居でき、「やっと安心して暮らせる」と胸をなで下ろした。月日が過ぎて、年齢相応に身体も弱ってきた。家の中でも歩行器が不可欠だが、家具や物を整理して一人でも過ごせるように工夫していた。オーダーメードのバリアフリーだ。ところが、ある日、神戸市から突然に退去を求められた。市の借り上げ期間が切れたため出て行くように言われたのだ。「ここで生きてたらあかんの？」と落ち込み、笑顔が消えた。何の落ち度もないのに追い出される、そんな高齢者が「元被災地」で続出した。

「借上げ復興住宅」というのは、市などが民間賃貸住宅を丸ごと借り上げ、それを被災者に市営住宅と同じ条件で貸与する仕組みである。自治体は復興住宅の新築費用を節約でき、被災者は近隣で住まいを確保できる。自治体が借り上げてくれる期間、貸主は安定した賃料収入が得られる。だから「三方よし」の優れた制度としてもてはやされた。誰もがついのすみかと信じて疑わなかった。自治体と所有者との間の契約期間が二十年だとしても、法律上は延長可能である。そもそも高齢者の生活とコミュニティーの土台となる居住権を奪う合理的な根拠があるだろうか。追い出された被災者は通い慣れた病院や商店街も失い、引きこもって生活不活発病になり、退去できず裁判で被告にされた入居者はその精神的負荷から心身共にみるみる弱っていった。西宮市では、退去を余儀なくされて別の住宅に転居してすぐに転倒し骨折して、間もなく死亡したケースもある。まさに生死にかかわる問題なのだ。

一方、宝塚市や伊丹市は終生、借上げ復興住宅に住み続けることを認めていた。兵庫県の県営住宅でも個々の事情を考慮して継続入居の可否を判定したが、結果として、ほぼすべての事例で継続入居を認めるかたちになった。この自治体間の不公平をどのように受け止めるべきだろうか。

追い詰められる原発避難者

福島第一原発事故のために避難を余儀なくされた「原発避難者」たちは、次々に打ち切られる支援の中で、孤立し、戸惑い、絶望の中で必死にもがいている。平成二十三年（二〇一一年）三月の原発事故当時、夫と三歳の長男、五カ月の長女と四人で福島県郡山市に暮らしていた森松明希子さんは、事故から二カ月後、夫を自宅に残して、二人の子どもと共に大阪まで避難した。

放射性物質から子どもの命と健康を守るためだ。それ以来、森松さんは、二重生活によって生じるさまざまな苦労と向き合い、心ない差別や無理解に由来する偏見とも力強く闘っている。彼女は、国・東電を被告とする原発事故損害賠償請求訴訟に加わり、平成三十年（二〇一八年）にはジュネーブの国連人権理事会に参加して、「放射能から逃れ、健康を享受することは、基本的原則です。日本の憲法には、『全世界の国民が、ひとしく恐怖と欠乏から免かれ、平和のうちに生存する権利』と書かれています」と声を振り絞ってスピーチを行った。名前や顔の公表はもちろん、避難のありさままで赤裸々に語り、避難者の先頭に立って活動を展開している。

この森松さんが平成三十年二月まで自治体が数える避難者数にカウントされていなかった。行政の実態把握のお粗末さが示された格好だ。どうしてそんな失態が起きるのだろうか。全国には、原発事故で避難をしている人が大勢いる。県内に避難した人や、福島県だけでなく関東圏等から遠方に避難した人や、国外に避難した人もいる。まずその避難の実態を把握するのが先決だと誰もが考える。しかし、政府はそれをしない。その仕組みも作っていない。総務省が東日本大震災で立ち上げた「全国避難者情報システム」に登録しない人は世の中に存在しないのと同じ扱いなのだ。能登半島地震では遠方に避難した二次避難者の実態が把握できていないという重要課題がある。これは、原発避難者の広域避難を放置したことから必然的に行き着く結果である。

　もちろん、把握の難しさもあるが、避難者の生活状況は、時がたてばたつほど個別化していき、それぞれ固有の困難を抱えるようになる。特に孤立化は深刻だ。行政の包括的な網では、簡単に把握できなくなっていく。一人ひとりの状況に丁寧にフォーカスしなければ見えなくなってしまう。原発事故で避難した子どもがいじめを受けると聞くが、子どもたちの社会的孤立を示す事態である。私たちは「文化」の意味を問い直さなければならない。

　その一方、国や福島県は、事故から六年たった平成二十九年（二〇一七年）三月末で区域外避難者に対する住宅無償供与の支援を打ち切った。そして、八年後の平成三十一年（二〇一九年）三月には家賃補助の支援までも打ち切った。どれだけの人がこの冷酷な打ち切り措置でつらい思いをしただろうか。一度目は事故そのもので苦しめられ、二度目は避難生活で苦しめられ、三度目は冷酷な仕打ちで苦しめられている。なぜこうした不正義が許されるのか。平成二十九年五月、母子で東京に自主避難をしていた五十代の女性が、避難先近くの公園で自死した。彼女はまぎれもない原発避難者であり、避難生活の中で心身をすり減らし、病に倒れ、葛藤の中で落命した。しかし、彼女の死も災害関連死にカウントされていない。一人ひとりの息遣いが見えるところまでアウトリーチしなければ被害の実像はいつまでたっても見えてこない。

災害ケースマネジメントの五つのポイント

ここまでにいくつか紹介したケースに共通していることが二つある。一つは、すべて制度の枠線からはみ出しているということ。苦しみを生み出す原因は「法制度」の側にあるのではないか。もう一つは、抱えている課題が一人ひとり違うということ。一人ひとり異なる個々の困難を、法制度という画一的・類型的な救済措置ではカバーし切れないからではないか。そう考えると、救うための答えは簡単だ。一人ひとりの被災者に「人」が寄り添って「個別の支援」を行えばよい。私たちが災害ケースマネジメントを提唱する理由はそこにある。

災害ケースマネジメントのポイントは五つある。第一は、被災者に対して個別対応するということである。これまでの災害対応は、画一的・集団的な処理・制度がメインだった。たとえば、災害の危険を避けるため区域全体に避難指示するというのは分かりやすい一例だ。

しかし、その後の生活再建の場面でも、画一的な処理は続く。全壊判定だと支援金を出すが半壊には一切出さない、二年たったら仮設住宅から一斉に退去させるなど、とにかく個別の事情を考慮せずに切り捨てるのが当たり前だった。しかし、そういうやり方はもう時代遅れである。被災者にとっては不条理そのものであるし、行政の立場からも無駄が多くて不合理である。人権問題として捉えれば個人に対応するのが当たり前である。そこで、集団的・画一的な対応とは異なり、一人ひとりの実情に合わせた対応が求められている。

第二は、アウトリーチによる申請主義の克服だ。これまでの支援制度は申請がなければ何も進まなかった。申請主義を過度に推し進めると、いかにひどい被害を受けていても、役所に出頭して申請をしなければ被害そのものがなかったのと同じことにされてしまう。日本では「申請なければ事実なし」ということが当たり前になっている。しかし、現場に行けば苦しんでいる人、困っている人がいる。それが事実だ。こちらから出向いて事実に迫るアウトリーチの必要性を、定義の中では「寄り添う」という言葉に込めている。

第三は、支援の計画性である。場当たり的に支援を行って、それでよしとするのではなく、きちんと支援の計画を立ててそれを実行するのである。ＰＤＣＡサイクル（Ｐｌａｎ：計画、

Ｄｏ：実行、Ｃｈｅｃｋ：評価、Ａｃｔｉｏｎ：改善）が参考になる。これまでの災害支援は、泥出しボランティアをして終わり、傾聴・相談して終わり、支援金を支給して終わりと、系統性・全体性に欠ける弱点があった。一人ひとりの生活再建を真剣に考えるならば、計画を立てて、事業をして、検証をした上で、次につなげることが必要である。

第四は、計画の総合化である。支援計画は、一人ひとりの被災者の状況に応じてオーダーメードで作る。その計画はそれぞれ違ったオリジナルなものになる。在宅被災者のケースでも、アウトリーチして事実に迫ってみると、目に見える家屋被害だけでなく、経済困窮や就労問題、健康不調、心のケア、家庭不和、孤立など、抱えている問題は、一つとして同じものはない。支援制度の活用方法も異なる。被災者支援制度だけでなく、重層的支援体制整備事業など地域福祉の制度も大いに利用し、また、民間の支援の仕組みなどもメニューに加えるべきだ。さまざまな支援の仕組みを組み合わせた総合的な計画を作るのである。

第五は、支援の総合連携である。あらゆる支援制度を組み合わせて計画を立てたのだから、それを実践する支援者も、あらゆる分野が集合することになる。行政だけでは足らず、民間団体や専門家も総動員する。ここで大事なことは相互に連携することだ。平成二十一年

（二〇〇九年）八月の兵庫県佐用町の豪雨災害では、ＮＰＯの開催したイベントで、ボランティアが被災者のつぶやきを聞き、弁護士に伝えてその相談に乗り、解決方法を税理士が助言したという事例があった。現場では被災者を中心に連携の輪が形成される。多分野の支援者が総合連携し、いわば総がかりで寄ってたかって支援を行うのである。

こうした五つのポイントは既に社会に実装されている。たとえば、介護保険のほかにも、障害者や子ども、若者の自立支援、生活困窮者等のケアプランとして既に実行され定着している。災害現場でも医療チームは発災当初から一人ひとりの診察から始めるのが当たり前である。災害対応はとかく集団的・画一的な対応が取られがちだが、それでは支援は必要なところに届かず、不必要なところに無駄な支援が施されるなど不合理が多い。一人ひとりに対応した方が的確な支援ができ、結果として迅速に復興が進み、経済的合理性も図れる。

ボランティアこそ「寄り添う」専門家

内閣府（防災担当）が作成した「災害ケースマネジメント　実施の手引き」では、災害ケースマネジメントの定義を「被災者一人ひとりの被災状況や生活状況の課題等を個別の相談等により把握した上で、必要に応じ専門的な能力をもつ関係者と連携しながら、当該課題等の解消に向けて継続的に支援することにより、被災者の自立・生活再建が進むようマネジメントする取組」と記している。それは私が考える災害ケースマネジメントの定義とほとんど変わらないように見える。しかし、注意してほしい点が一つある。それは、内閣府の定義にある「専門的な能力をもつ関係者と連携し」という部分だ。これを文字通り読むと、建築士や弁護士などの専門家だけが連携対象のように見える。しかしそれは誤っている。

　被災者に対する支援は「課題解決型支援」と「伴走型支援」の二つが両輪となって行われなければならない。建築士や弁護士は、被災建物診断や制度案内など、課題解決型の支援は得意だが、被災した人に寄り添って、その人の思いを受け止め、その人の代わりになって話したり、その人の行動に付き添ったりすることは苦手だ。その人の状況を把握するには、信頼関係を基礎とする寄り添う姿勢が欠かせない。その役目は、被災者に最初にアウトリーチをするボランティアが担うことが多く、またその役割に長《た》けている。ボランティアこそ「伴走」の「専門的な能力をもつ関係者」と言うべきである。その人のことをよく知っているという点では、家族や地域住民も含まれる。

被災地NGO恊働センターの元代表・顧問の村井雅清さんは、災害ボランティアとして大切なことは「最後の一人まで救う」点にあるという。この言葉の意味するところはとても示唆深い。まず、基本的姿勢として、ボランティアは、「すべての人を救う」のではなく、「たった一人をも救う」のだという。ボランティアは、行政が固執しがちな公平性の呪縛から解放され、目の前の人を救うことに集中できる。現実の災害復興のプロセスの中では取り残される人が出て不平等な結果が必ず生じる。在宅被災者や震災障害者などは百人のうち九十九人という最大多数の救済のために結果的に一人取り残された被災者である。そのとき、ボランティアが足取りをもう一歩進めて「最後の一人まで救う」スタンスを取れば、それによって最後の百人目が救われ、全員平等の実現がもたらされる。この考え方は「すべての人を救う」という価値観の大転換ともいえる。たった一人を救うボランティアと最大多数の救済に取り組む行政のコラボである。私は、こうした取り組みこそ、憲法の規定する個人の尊重（第一三条）と平等権の保障（第一四条）にほかならないと思う。

ちなみに、ボランティアは「自由」「自立」「利他」に本質がある。「頼まれてもやらないが、頼まれなくてもやる」は至言だ。憲法には「ボランティア」という単語は出てこないが、憲法が予定している社会の姿がボランティアにあらわれている。ボランティアは民主主義を意味する「市民の市民による市民のための活動」を体現している。実際、世界の被災地に赴いた災害ボランティアによって日本は「国際社会で名誉ある地位を占める」実績を残してきた。国家を治める立法・行政・司法が完璧であれば、隙間を埋めるボランティアは不要かもしれない。しかし、そんな国は世界中、歴史上一つもない。完璧が存在しない以上、ボランティアは存在し続けるのである。

能登半島地震の復旧・復興が著しく遅れている。その最大の原因は、ボランティアの不足にある。あるいは、ボランティアの本質である「自由」「自立」「利他」が忘れられ、行政のお手伝いをする下請的存在に成り下がっているところにある。このことを改めて肝に銘じておきたい。

被災地で実践され、有効性を証明

災害ケースマネジメントの取り組みは、既に被災地で数多く実践され、その有効性が力強く証明されている。

　仙台市における「被災者生活再建加速プログラム」は、仮設住宅入居世帯をタイプ別に分けてさまざまな支援メニューを組み合わせて対応し、いち早く仮設住宅の供与を終えることができ、コスト面でも高い合理性が得られた。東日本大震災では岩手県大《おお》船《ふな》渡《と》市や北上市、宮城県名取市で、熊本地震では熊本市や益城《ましき》町で、仙台市の実践をモデルに同種の対応を行っている。平成二十八年（二〇一六年）八月、台風第十号の被害を受けた岩手県岩泉町では、あえて災害課題に限定せず困りごとを丸ごとフォローすることによって被災者の困窮原因の核心に迫った。同じ年の十月、鳥取県中部地震で被害を受けた鳥取県では「鳥取県防災及び危機管理に関する基本条例」を改正し、全国で初めての災害ケースマネジメントを制度化し、官民連携チームを作って着実に解決例を積み重ねた。熊本地震で被害を受けた南阿蘇村では、今後の住宅再建方針を世帯ごとに策定すべく約二百世帯を対象とする個別相談会を行い、見通しのない不安を未来への希望に変えた。西日本豪雨で被害を受けた倉敷市では、保健師などが全戸訪問で得た情報を、見守りや相談支援に提供するかたちで、積極的な情報連携を図った。山形県では、東日本大震災の避難者を対象に、平成三十一年度（二〇一九年度）より「避難者ケースマネジメント」を導入し、避難が長期化して個別事情が多様化・複雑化していく実情に対応する仕組みを設けた。石巻市では、一人ひとりの在宅被災者に対する調査という建前で、地元の支援団体が寄り添い、仙台弁護士会と連携する対応を行い、行政が関与せずとも、民間セクターだけの知恵と工夫で対応できることを証明した。

災害ケースマネジメントは、一つの「方法」に過ぎない。それを一人ひとりの被災者の生活再建に役立てられるか、それとも、仮設住宅からの追い出しの道具に成り下がるのか、それは魂の込め方次第である。災害ケースマネジメントは被災者のために存在するのだから、それを最も深く認識すべきは、被災者自身であるべきだ。被災者が自らのために声を上げられるよう、環境整備することに心を砕かなければならない。被災者が支援の「客体」ではなく「主体」に変わらなければならない。それが災害ケースマネジメントの成否を分けるカギだ。考えてみれば、国民主権の国なのだから当たり前のことである。一人ひとりの被災者が自分が主人公であるという意識をもって前を向き、復興に自立的に取り組み、その人権を回復するツールでなければならない。

誰も分け隔てない社会を目指して
——震災と障害者

日本障害者協議会代表　藤井克徳

誰もが潜在的な〝障害者〟

地震や津波、集中豪雨などの大規模自然災害が発生した際、健常者に対し障害者はより大きいリスクにさらされる。東日本大震災において障害者の死亡率が全住民の死亡率の二倍に及んだことは、ＮＨＫをはじめ、いくつかのマスコミが調査した結果やデータからも明らかになっている。

また、東日本大震災では被災後の心身の負担が原因で亡くなる「災害関連死」のうち、発災時に障害者手帳を持っていた人の割合は二一％であったことが、共同通信の行った調査から明らかになっている。二〇一六年に発生した熊本地震では、発災時の死者に対し、災害関連死はその四倍以上を数えるが、同じく共同通信の調査から、熊本地震で災害関連死に数えられた人の二八％が障害者手帳を持っていたことが分かっている。国の推計では障害者は人口の約九％であり、障害者が犠牲となるリスクがいかに際立っているかが分かるだろう。二〇二四年元日に発生した能登半島地震についても、本稿の執筆時点ではまだ被災状況の全容が明らかになっていないものの、おそらく同様の問題が見られるはずだ。発災時には何とか取り留めた命が、その後に続く避難生活の中で失われてしまうことの無念は、筆舌に尽くしがたい。

災害被害における障害者をめぐる現状を変えるためには、平時からのさまざまな備えが大切だが、とりわけ社会の根底に横たわる〝障害〟への認識の変化が強く求められる。そこで鍵となるのが、二〇〇六年に国連で採択された障害者権利条約だ。同条約には障害者の人権を考える上でいくつもの重要な視点が含まれている。なお、日本は二〇一四年に同条約を批准し、今年で十年を迎える。

同条約が提示する内容について、注目すべき点は数多くあるが、その中の一つが「新しい障害観」だ。従来、障害はそれを個人にのみ属する問題とされてきたが、同条約では、障害は個人だけでなく社会にも属する問題であるという「障害の社会モデル」と呼ばれる考え方が示されている。

例えば、下半身にまひを抱え、車いすを使用する人が、街中のカフェに立ち寄ろうとしたところ、入り口には階段しかなく、入店できなかったとしよう。もしここにスロープが併設されていたら、この人は他の客と同じように入店できたはずだ。このように見ると、障害というのは、決してその個人だけに属するものではなく、社会や環境の側にも潜んでいると考えられるのだ。

また、同条約を支える重要な概念の一つが「インクルーシブ」である。インクルーシブは通常、「包摂《ほうせつ》」と訳されるが、私はより分かりやすく「分け隔てないこと」と説明している。分け隔てないとは、障害のある人とない人への対応を一律に等しくするということではなく、

能登半島地震の被害状況を視察（2024年2月、石川県内灘町）

障害を持っていようがいまいが平等に暮らせる社会や環境のことを指す。バリアフリーやユニバーサルデザインといった取り組み、そして先述の「障害の社会モデル」にも通底する考え方と言えよう。

例えば、「障害者にやさしいまちづくり」「障害者を思いやろう」といったフレーズは誰もが一度は耳にしたことがあるだろう。そうした思いやり自体が大切であることは言うまでもないが、そこにインクルーシブという視点が欠けてしまうと、「健常者」と「障害者」を分け隔てる心理的なバリアーが生まれてしまう。つまり、「障害者だから配慮してあげなければならない」といった〝上から目線〟の非対称の関係性を生み出しかねないのだ。

障害者権利条約には、「合理的配慮」という重要な考え方も提示されている。一口に障害と言っても、視覚に障害のある人、聴覚に障害のある人、身体にまひのある人、知的面に障害のある人、あるいは精神疾患を抱える人など、その内実は千差万別だ。当然、実生活の中で、個々の障害に見合った支えが必要となる場面があり、そこで周囲の人が当事者に手を差し伸べることを合理的配慮と呼ぶ。同条約では、支援する側に過度な負担がかかる場合を除いて、合理的配慮を怠ることは差別に当たると明確に示されている。

合理的配慮の根幹にあるのは、一人一人の市民を尊重するという「固有の尊厳」にほかならない。つまり、障害者であっても、障害のない人と同等の権利や自由を行使できる社会をつくるために必要な措置が合理的配慮である。したがって、それは誰しもが有する基本的人権の尊重にほかならず、決して障害者だけが享受できる特別な権利ではないことを強調しておきたい。

私自身、四十代半ばで全盲状態となり、視覚情報の世界と決別した。それから今に至るまで、当事者として障害者の権利獲得のために尽力してきた。私には、自らの活動と経験を通して、強く実感していることがある。それは、人間は誰しもがこの世を旅立つ時には、何らかの障害を有するということだ。その意味において、現に障害のある人だけに限らず、あらゆる人が潜在的に〝障害者〟なのである。

したがって、障害者の人権を守ること、障害者を支援することは、極めてユニバーサルな意味合いを持つ取り組みであると言える。障害者にやさしい社会は、誰にもやさしい社会なのである。

本稿では、東日本大震災や今回の能登半島地震など、過去数十年のうちに日本で起きた災害をいくつか取り上げながら、災害時における障害者の実態や、それを取り巻く課題について論じていく。そのすべての議論の根底には、ここまでに記した新しい障害（者）観が前提として横たわっていることを念頭に置いていただきたい。

相次ぐ震災を前に何ができるか

日本において、地震や豪雨などの大規模な自然災害は、もはやいつどこで発生してもおかしくない。元日に発生した能登半島地震はそのことをより強く実感させた。阪神・淡路大震災（一九九五年）、新潟県中越地震（二〇〇四年）、東日本大震災（二〇一一年）、熊本地震（二〇一六年）、今年の能登半島地震（二〇二四年）、その他のものも含め、ざっと過去数十年を振り返るだけでも、大規模な地震が後を絶たない。今回の能登半島地震が起きた際にも感じたことは、それぞれの地震には個別に状況が異なる側面と、共通して備えることのできる側面の両方があるということだ。

能登半島地震に関しては、半島という特殊な地形で基幹道路の寸断が起きてしまったことや、過疎化や超高齢化の問題など、これまでの防災であまり顧みられてこなかった個別の事情が浮き彫りとなった。道路の寸断によって、孤立する集落が出てしまったことや、被災者の救援・支援のスピードが落ちてしまったことは、今後、日本の他の半島部や離島部でも起き得ると考えられ、未来への教訓としなければならない。

その一方で、特に障害者の避難行動や、避難所での受け入れなどについては、これまでの震災で得た経験や教訓が十分に共有され、生かされたとは言えない。

その最たる例が、いまだバリアフリーが行き届いていない避難所の問題だ。東日本大震災が発生して約二週間がたった頃に、障害のある人たちの支援のニーズなどを把握するために、

就労継続支援A型「LABO」で被災状況を聞く
（2024年2月、石川県七尾市）

私が専務理事を務める障害者の就労や生活を支援する「きょうされん（旧称：共同作業所全国連絡会）」の仲間たちが現地に入った。彼らからの報告によると、発災当時は肩を寄せ合っていた人たちも、三日、四日ほどたつと、発達障害のある人たちなどに対して、「うるさい」と怒鳴り声を上げるようになったという。発達障害の特徴に、長時間一カ所にじっとしていられなかったり、大きな声を出したりすることがある。家族ともども次第に避難所に居られなくなり、やむを得ず半壊した家に戻ったり、車中泊をしたりして避難生活を送っていたとのことだ。避難所以外で避難生活を送る人たちには、救援物資や重要な支援情報などが届かないことが多いため、ただでさえ不安な発災直後の時期にあって、彼らはより厳しい状況で過ごさなければならなかった。こうした事例は、過去の震災が起きた際にも指摘されてきたことだが、残念ながら今回も同様のことが起きていたようだ。

阪神・淡路大震災の発生を機に、手厚いケアの必要な障害者や高齢者などでも身を置くことのできる避難所のあり方が議論され、後に「福祉避難所」が開設される運びになった。福祉避難所については、これまでたびたび発災時の開設の遅れなどが指摘されてきたが、今回の能登半島地震も発災後二週間の時点で、輪島市など被害が大きい石川県内の七市町で福祉避難所の開設に至ったのは想定の二割に止まった。災害が発生した直後の時間帯（期間）は、生命を維持するためにも重要な時期である。にもかかわらず福祉避難所が機能しなかったことは、致命傷と言わざるを得ない。同様に「災害時要配慮者名簿」についても、ほとんど生かされていない印象がぬぐえない。もちろん、震災ごとに事情が異なる側面があるため、すべてを一概に論じることはできないが、事前に準備していてもうまく機能していないのはなぜなのか。原因を明らかにして、有効な対策を講じなければ、震災が起きるたびに、障害者や高齢者などの災害弱者が負担を強いられる状況が続いてしまう。

私が副代表を務める、全国の障害当事者団体と支援団体、計十三団体からなる「日本障害フォーラム（ＪＤＦ）」では、能登半島地震の発生後、いち早く議論の場を設けて、発災から十日後には内閣府、厚生労働省、国土交通省宛てに五点の内容を記した要望書を提出した。

一点目が「障害者等の安否確認、被害の実態の把握と対応」であり、今回の災害における障害者の被害と避難の実態はどうなっているのか、何を必要としているのかなどの情報把握に努めてほしいと要望した。

二点目は「避難所等における対応」で、福祉避難所の早期開設を要望するとともに、一般の避難所においても、障害別専用スペースを設けるなど個別の障害ごとへの対応を要望した。また、障害が理由で避難所に行くことができず自主避難を行う人たちの状況把握と支援の実施も併せて求めた。

三点目は「仮設住宅に必要な対応」だ。地震の被害で自宅に住めなくなった方は、仮設住宅へと入居する。東日本大震災では、仮設住宅内の設備だけがバリアフリーで、玄関から出るとすぐに段差があるなど、周囲とのアクセスでバリアーが残るといった状況が見られた。それを教訓として、仮設住宅の構造や室内設備にバリアフリーとユニバーサルデザインを標準的に導入し、さらに入居後にもバリアフリー化のための改修を柔軟に行えるよう要望した。

四点目は「障害者を支援する支援者・事業所等への支援」である。これも東日本大震災の経験が基になっており、全国にいる障害者支援の専門家への支援を取り付けることで、被災している障害者へのよりきめこまやかなサポートが可能となるため、これを要望した。

最後の五点目は「人権の擁護と当事者参加」である。要望書を出した段階で、今まさに行われている復旧・復興の過程において、障害者とその当事者団体をそこに参加させ、意見を聞いてほしいと要望した。

以上、五点の要望を発災直後に関係省宛てに提出した。私たちの要望書が最善のものであるなどとはもちろん思ってはいないが、これまでにさまざまな災害における障害者支援に携わってきた経験と、そこから得た反省や教訓を、今回の復興支援に少しでも役立てられればとの思いから要望書を提出した。

東日本大震災の経験

私自身、災害時に障害者が直面する困難の解消について、これまでに起きたさまざまな大規模自然災害において、試行錯誤を繰り返し、経験を蓄積してきた。中でも、私の心に強く刻まれているのが、東日本大震災での経験だ。

発災から一週間後の三月十八日に、私はＪＤＦの仲間たちと「東日本大震災被災障害者総合支援本部」を立ち上げ、三月二十二日から二週間かけて被害の大きかった福島県、宮城県、岩手県に入り、障害者が置き去りにされないよう支援・調査にあたった。ところが、震災直後の混乱した状況では、なかなか作業を進めることができなかった。これではらちが明かないと思い、私たちは各県の基礎自治体をじかに回り、首長や障害者福祉に携わる担当者と直接つながることとした。

発災から一カ月余の四月十四日に、私たちは再び東北に向かった。岩手県宮古市に拠点を置き、そこから、市長が不在だった大船渡市を除いて、陸前高田市、大槌《おおつち》町、釜石市、山田町と、岩手県沿岸部の主要被災自治体の市役所や町役場を訪れ、首長らと会見した。

特に印象に残っているのが、陸前高田市の戸羽《とば》太市長との会見だ。陸前高田は、市内の広い範囲が、津波による甚大な被害を受けた地域だ。戸羽市長は、震災の起きる約一カ前に市長になったばかりで、そのことに触れながら、「私たちはゼロからのスタートになります。だからこそ、陸前高田をノーマライゼーションという言葉を使わなくてもいい街にしたいのです。そのゼロからのまちづくりに、障害のある人たちにも、ぜひ関わってもらいたいと思っています」と語った。その言葉通り、陸前高田市の復興政策を考える検討委員会には多くの障害者が加わり、彼らから寄せられたニーズがその後の施策に反映された。

首長らとの会見を終えた私たちは、他の当事者団体や支援団体と手分けをして、被災地の障害者の避難生活や被害の実態調査を本格的に進めることにした。そして、特に被害の大きかった陸前高田市と、福島県の南相馬市の実態調査には、ＪＤＦが直接携わることとなった。

より正確に実態調査を進めるためには、自治体が管理している障害者手帳の情報が必要となる。当然、個人情報に当たるため、多くの自治体は個人情報保護法を引き合いに、障害者手帳の情報を共有することに慎重な姿勢を見せた。そうした中で、陸前高田市と南相馬市の両市長は、情報を開示するという英断を下した。実は、個人情報保護法の第一八条には、「人

陸前高田市の災害対策本部で戸羽市長（左）と会見（2011年4月）

の生命、身体又は財産の保護のために必要がある場合であって、本人の同意を得ることが困難であるとき」においては、第三者に個人情報の開示ができるとの例外が定められており、両市長はそれを根拠に、私たちの実態調査に協力してくれたのだ。

調査を進めるにあたり、地元の人たちに不安を与えないよう、私たちは二人一組のペアをつくり（原則として、うち一人は地元在住者）、約二カ月をかけて一軒ずつ地域を歩いて回った。手帳を取得していない障害者ももちろん多くいるものの、可能な限りの実態調査に努めた。そこで得られた経験や知見は、両市のまちづくりの理念や防災避難計画などにも反映され、またそれ以降の私たちの長期間にわたる被災地支援の活動にも羅針盤となっていった。

インクルーシブな避難所の整備を

実態調査を通して、災害時における障害者を取り巻く状況がより鮮明に浮かび上がってきた。その中でも大きな課題として立ち現れたのが、バリアーの多く残る避難所での避難生活だ。避難所のバリアーといっても、それは物理的なものだけには限られない。そこには情報のバリアーも存在している。例えば、食事の用意ができたことを模造紙に書いて知らせるだけなら、視覚障害者にそれを知る術はなく、音声のアナウンスだけで伝えられれば、聴覚障害者はそのことに気付かない。

先述したように、集団での共同生活を送ることが難しい発達障害のある人や、精神疾患を抱える人などは、避難所で過ごす時間が長くなるにつれて、どうしても落ち着きを失ったり、パニックに陥ってしまったりすることがある。すると、同じ避難所で暮らす人たちから怒鳴られてしまい、彼らはそこに居づらくなってしまい、車中泊などで避難生活を送らざるを得なくなってしまう。

これらはまさに合理的配慮が求められる場面だ。そうした人たちを受け入れるために、福祉避難所の開設が進められてきたが、今回の能登半島地震のように、発災時の生命の維持にとって大切な初動段階において、それがどこまで活用されるかというと、率直に心もとなさが残る。そうした状況を解消するためには、一般の避難所であっても、さまざまな障害を抱えた人をはじめ、高齢者や要介護者、妊産婦や子ども、外国人、そして健常者も含め、皆が安心して暮らせる〝インクルーシブな避難所〟として整備していくことが急務だ。

インクルーシブな避難所を考える上で、参考になる事例が、二〇一六年の熊本地震の際に、熊本学園大学と地域の当事者団体などが主導して同大学内に開設した避難所だ。地域の避難所に指定されていなかったにもかかわらず、大学内のバリアフリー設計になっていたホールを開放し、障害の有無にかかわらず地域の避難住民を受け入れ、四十五日間にもわたって避難所として機能したのだ。インクルーシブな避難所として注目を集めており、「熊本学園モデル」と呼ばれている。

ところで、彼らはどういった人を障害者であると認識していたのか。大きく三つのカテゴリーに分類できる。

一つ目が、障害者手帳を持っている人だ。最新のデータでは、身体障害者が約四百三十六万人、知的障害者が約百九万人、精神障害者が約百三十五万人いるとされている。ただし、精神障害者については、障害者手帳を求めない人が相当数に上る。そこで、精神疾患の治療にかかる医療費の軽減制度を使っている人でカウントすると、約六百十五万人というデータが出てくる。したがって、多く見積もれば、合計約千百六十万人が、「障害者」のカテゴリーに含まれる。

二つ目が、難病や薬物依存症、弱視や難聴など、いわゆる「谷間の障害」にある人たちだ。症状や障害の程度にもよるが、こうした人たちは手帳を取得することが難しいものの、現実的に仕事や生活に支障をきたしている。こちらも公開されている各種データを参照すると、合わせて一千万人を超えると思われる。

三つ目が、認知症を抱える人たちだ。二〇二五年には、認知症患者が七百三十万人に達するという統計データがある。

これら三つのカテゴリーの中で重なり合う人たちも存在するが、単純にすべての数を合計すると、約二千八百九十万人となり、日本の人口の二割以上が含まれることになる。たとえ、自分自身がそこに含まれていなくても、家族や親せきにまで目を向けると、誰かがいずれかのカテゴリーに含まれていても全く不思議ではない。

熊本学園モデルには、こうした考え方が根底にあるため、障害者問題をマイノリティーなことではなく、ユニバーサルなこととして捉えることができたのだろう。そうしたポリシーが浸透しているからこそ、同大学は平時から障害を持つ学生を多く受け入れ、バリアフリーの環境を学内で整備してきた。

熊本地震の際に同大学で避難所として開放されたホールは、その設計段階ではホール全体に固定椅子を並べる非バリアフリーな空間となっていたが、同大学に勤める教員の指摘によって、前方部分はバリアフリーなフラットの空間に修正された。実際に避難所として開設された際、そのスペースは車いすを使用する障害者が利用することになった。一人の教員の判断が後に多くの人の生命を救ったことになったと言えるだろう。

熊本学園モデルでは、合理的配慮が実践された点も注目に値する。車いすを使用する人でも移動しやすいようにフラットなスペースを作ったり、視覚障害者には積極的に声かけを行い、情報を共有するといった障害者への合理的配慮をはじめ、高齢者や子どもへの個別の配慮も行われた。そうした作業には、地元の熊本県と全国から集まった看護師や介護士、理学療法士、作業療法士などの専門スタッフ、そして彼らからレクチャーを受けた同大学の教職員や学生らが協力し合ったという。

また、多くの学校避難所は、授業が再開されると同時に閉鎖されるが、熊本学園大学では授業が再開された後も、避難所の運営が続けられた。一人でも避難所を必要とする人がいる限りは、大学側の都合で避難所を閉じないと決めていたのだ。

この他にも、熊本学園モデルには参考にすべき点は数多くある。そうした事例を見るにつけ、やはり平時からの備えとして、インクルーシブの理念を人々に浸透させることの重要性を痛感する。そうした理念が日頃から共有されれば、それは必ず避難訓練や、建物のハード面にも生かされ、災害発生時にも適切な対応をすることができる。今後は特に小中学校の現場での日常的なインクルーシブ教育の実践が大事であると私は考えている。

私たち抜きに、私たちのことを決めないで

冒頭でも記したように、二〇二四年は日本が障害者権利条約を批准して十年の節目に当たた

る。同条約には、障害の社会モデルやインクルーシブなど重要な考えがいくつもちりばめられている。あらゆる人が潜在的な〝障害者〟であることを踏まえると、同条約の理念を社会に浸透させていくことは、すべての人にとって有益だ。

国連が障害者権利条約の内容を検討するに当たっては、延べ百日に及ぶ審議が行われたが、私はその半分近くを傍聴した。その際、何度も耳にしたフレーズが「私たち抜きに、私たちのことを決めないで（Nothing about us without us）」というものだ。このフレーズは条約のコア（核）と重なり、権利条約を言い表す上で欠かせないフレーズとなっている。

私たち抜きに、私たちのことを決めないで——障害者自身の未来、そして障害者を含めた社会の未来を、当事者抜きに決めることなど決して許されない。その当たり前のことでさえ、障害のある人には長らく認められてこなかったのだ。

障害者権利条約には、条約を形骸化させないための優れた仕掛けが埋め込まれている。それは国連の障害者権利委員会による検討のために、締約国には同条約に基づく義務を履行するためにとられた措置に関する報告を提出する責任が義務付けられていることだ。日本は二〇二二年に初めて審査対象となり、同年九月に障害者権利委員会から日本政府に対して現状や改善点などを指摘する総括所見が出された。

総括所見には重要な指摘が多く含まれているが、中でも日本政府の障害者・福祉政策の基調が「父権主義」であるとの指摘は見過ごせない。父権主義とは、父親が子どもに良かれと思って一方的に自身の意向を押し付けることに由来し、権力を持つ者が弱い立場に置かれた人の声を聞かずに独善的に施策を決定・実施することなどを指す。まさに「私たち抜きに、私たちのことを決めないで」とは、真っ向から反する姿勢にほかならない。

父権主義の最大の弱点は当事者が不在であることだ。したがって、そこで実施される多くの施策には当事者のニーズは反映されておらず、的外れであることが多い。私の実感としては、日本の復興政策に関しては、自治体間格差はありつつも、当事者の声がある程度は反映されるようにはなってきたと思う。この流れが障害者福祉の領域全般に広がるよう後押ししていきたい。

また、障害者権利条約には、「他の者との平等を基礎として」というフレーズが同趣旨を含めると三十五回にわたって繰り返し出てくる。健常者には当たり前のように認められていることが、障害者には認められていない。例えば、これまで日本では障害者に関する情報は、国の主だったデータを集計した「基幹統計」には含まれてこなかった。同条約の第三一条には障害者に関する統計を取ることが締約国に義務付けられており、日本は同条約を批准してから、時間はかかったものの、二二年にようやく厚生労働省や総務省が行う統計に障害者に関する設問が加えられた。このことにより、障害のある人とない人の間での客観的な比較が可能となっただけでなく、同じテーマの設問を持つ海外のデータとの比較も可能となった。こうした基礎データを積み上げた先に、平時の暮らしぶりはもちろん、災害などの非常時も含めて、より当事者の実態に即した政策の実施が可能となるはずだ。

能登半島地震の現状を見ていて、震災時において、障害者には身体的・心理的バリアーに加えて、情報のバリアーという大きな課題が残されていることをより一層実感した。情報には受信と発信の両面があるが、視覚障害者や聴覚障害者、発達障害や自閉スペクトラム症を抱える人など、障害の特性によって異なる技術的なサポートが必要となってくる。では、そうした情報のバリアフリーを、民間企業の努力だけで行えるかというと、財政的な観点から考えても、困難を極めることは言うまでもない。こうしたところにこそ、国からの支援が求められるのではないだろうか。

災害が発生して障害者を含む多くの人命が失われたという知らせに触れるたびに、深い悲しみと心の痛みを感じずにはいられない。だからこそ、一つ一つの教訓を絶対に無駄にしてはいけない。その思いを心に刻み、未来に向けた行動を開始しなければならないだろう。障害者権利条約をはじめとする前向きな潮流に光を当て、国際社会とも歩調を合わせて、日本にインクルーシブな社会を創生できるよう、私も自身の責務を果たし続けていきたい。

気付く力

今日に至るまで、障害のある当事者として、障害者の支援に携わってきた。その道程で、私自身が大切にしてきたテーマが「気付く力」だ。〝日本の障害者福祉の父〟と称される糸賀一雄氏が残した「自覚者が責任者」という言葉にインスパイアされて、私はこのことを意識するようになった。

私が考える「気付く力」は、主に次の四つの力によって構成されている。

一つ目が「学ぶ力」だ。自身の見識を広げなければ、そこに問題があることにさえ気が付けない。今はインターネットの発達などで、容易に情報を得ることができるが、そこでは、ただ何かを知るだけでなく、それを自身の骨肉となるまで分かろうとする努力が欠かせない。その努力の先に、私たちはようやく何かについて学ぶことができるのではないだろうか。

二つ目が「つながる力」。さまざまに学んだ知識は有機的につながり合うことで、より深みを帯びてくる。また、志のある個人がつながり合うことも大切だ。私自身、仲間たちと協力して、二十年前に全国の障害当事者団体をつなげて、ＪＤＦを立ち上げた（二〇〇四年設立）。それぞれに思いがあるのに、ばらばらな方向を向いていては、なかなか事を前に進めることはできない。つながり合うことで、相乗効果が生まれ、より大きな力を発揮することができる。

三つ目が「伝える力」だ。人が誰かに何かをきちんと伝えようとする際には、決して生半可な状態で言葉を発することはできないし、それでは相手に伝わらない。何度もその人の中で復習し、知識を整理して、かみ砕くことで、ようやく相手の心にまで伝わる。伝える力を磨くことは、自分の考えを相手と共有できる以上に、実は自分自身をより豊かに耕していけるというのが私の実感だ。

最後は「動く力」である。さまざまな知識を学び知るだけでなく、それを実際の行動に落とし込んでいくこと。そうした行動は常に外からの視線にさらされる。自身の言行に矛盾が生じていないかどうかを客観的に確かめる上でも、動く力は重要だ。

この四つの力によって「気付く力」は織りなされる。これらは常に循環し、互いに影響を与え合い、幅を広げていく。

災害時だけでなく、普段の暮らしの中でも、障害者の多くは社会から見落とされがちだ。そうした意味でも、多くの人々にこの「気付く力」を磨くことを意識してほしい。そうした一人一人の努力の先に、誰一人取り残さないインクルーシブな社会の実現があると信じている。

第Ⅱ章　社会

震災後の苦悩とグリーフケアの興隆

東京大学名誉教授　島薗 進

弔いの文化からグリーフケアへ

東日本大震災から十三年半が経過した。二万人もの方々が犠牲になり、多くの方々が避難や移住を強いられ、生業や故郷の喪失なども重なり、今も悲しみが絶えない。死者を悼《いた》む行事や集いは多くの場所で行われ、悲しみをともにする経験が繰り返されている。東日本大震災後の日本では、経済面や生活面での復興とともに「人間の復興」が、また「心の復興」が話題になることが多かった。「心の復興」ということで特に関心が高まったのは、死者を悼む心のあり方であり、グリーフケアのあり方だった。

グリーフケアというものの意義を学術的に論じたのは精神分析の創始者、ジークムント・フロイトで、一九一七年に「喪とメランコリー」という論文を公表している。愛着の対象を喪失すると、人はその対象に向けられていた心的エネルギーを持て余す。そこで、喪失した存在と自らの関わりを顧《かえり》みながら、自らの心のあり方を考え直すときをもつ。これが「喪の仕事」であり、英語では「グリーフワーク」と呼ばれるものだ。

フロイトが「喪の仕事」と呼んだプロセスは孤独な心の作業という側面があるが、それを適切に行うにはともに分かち合うことが力となると考えられ、実行されてきた。死者への弔《とむら》いは個々人の心のなかで行われることであるとともに、家族・親族や近隣の人たちや親しい人々や友人とともに行うものだ、と信じられてきたのだ。従来は家族・親族や地域社会が悲しみをともに担う文化があった。しかし、二十世紀を経る間に、そうした喪の文化は次第に後退していき、新たに喪の仕事を進める場が求められるようになる。グリーフケアはそのような場で進められるものであり、日本では一九八〇年代以降、次第にこの言葉が使われるようになってきた。

　グリーフケアに関心が集まるきっかけとして、大きな事故や事件、災害や戦争がある。こうした機会には多くの人が亡くなるということもあり、死者の数が非常に大きくはなくとも、皆が衝撃をともにしたということから、社会が悲嘆を分かち合うことが欠かせないとも感じられる。集合的な「喪の仕事」とも言える。マスコミが事故や事件や災害を報道する時、人々は報道を通して弔いに参加し、悲嘆にくれる遺族たちに思いを寄せることが多い。これはまた、死をめぐる新たな文化の構築につながることもある。

　日本では、もともと追悼・慰霊の行事が重視されてきた。通夜・葬儀から初七日、四十九日、百箇日、一周忌から三十三回忌に至る仏事、またお彼岸や命日の墓参や法要、お盆の行事等々だ。近年、集団で行うことが多いこうした行事はかつてほど頻繁には行われなくなってきている。だが、死者との交わりを大切にする気持ちは必ずしも衰えてはいないように感じる。

　阪神・淡路大震災のときもそうだったが、東日本大震災ではそれにもましてともに死者を悼む機会が多く、それは十年後の今も続いている。これは、上にあげたような普通の、多くは仏教式の追悼儀礼がかつてほど頻繁に、また多くの人数で行われなくなってきていることと関わりがありそうだ。昨今は、不特定多数の人がともに集ってともに死者を偲《しの》ぶ機会が増えているようだ。

上智大学グリーフケア研究所ではグリーフケアについて学びたいという方々のための二年間の講座を大阪と東京で開いてきたが、すでに十年以上が過ぎている。年齢は四十歳代以上の方々が多く、自ら死別の悲嘆を経験している場合、他者の悲嘆にも関わった経験がある場合が多い。

人生の途上で困難を感じたり、大切な問題にぶつかったと感じたりしたことがあり、グリーフケアについて学びたいと思った方も少なくない。かつては、精神科医や臨床心理士の役割、あるいは宗教者の役割と考えられたであろうことを、多くの方々が自分自身の問題として取り組み、学びを深めたいと考えているのだ。これは上智大学グリーフケア研究所だけではない。こうしたグリーフケアの学びの場が、東日本大震災後に広がってきているのは偶然とは言えないだろう。

専門家によるケアから相互のケアに

死別の経験は死に向き合う機会と考えれば、これは死生観について振り返ることの必要性を感じているということでもある。私自身は宗教学や死生学を学んできたものとして、そちらの方面からグリーフケアやスピリチュアルケアについて話をしてきているが、かなりの手応えを感じる。

大学では二十歳前後の若者に教えることが多いが、彼らは自殺について考えたり、それなりに死について考えている場合も多い。ペットの死などの経験を含めれば、死別の経験がまれというわけでもない。だが、人生経験のなかで重い死別の経験をしたことがあるかというと、やはりこれは多くない。それと比べると、ともに死や死別の悲嘆を学ぶという点では、社会人の受講生との学びから得るものは多いと感じる。

これは誰もが「心のケア」の当事者という時代になっている、そう捉えることもできるだろう。もちろん専門家のケアを必要とする場合は多々ある。だが、必ずしもそのようなケアを必要としない人々も、それぞれケアしケアされる関係を生きていると自覚する時代になっているということだ。

「心のケア」という言葉がさかんに使われるようになったのは、阪神・淡路大震災の頃からだった。その当時は、専門家による「心のケア」ということが主要な意味だったようだ。これに折しも臨床心理士が急速に増加し、カウンセリングに注目が集まる時期でもあった。これに対して、東日本大震災の後には一方で宗教的な心のケアに関心が集まった。この大災害を機会に「臨床宗教師」の養成が始まったのだ。まずは東北大学で臨床宗教師の養成講座ができ、いくつかの仏教系の私立大学にも同様に講座が広がっていった。高野山大学では早くスピリチュアルケア学科が設置され一度は廃止されたが、新たに臨床宗教師の養成が始まっている。

他方、東日本大震災後には、被災者同士、あるいは被災者を交えた語り合いが広がっていった。そこに医療・心理関係者や宗教者が加わることもあるが、共助的な側面が強い集いの場だ。この先例は、一九八五年の日航ジャンボ機事故の遺族らの集いだ。事故や災害に限らず、支え合いの集いがあちこちで立ち上がってきている。相互に心のケアを意識し合う場が自覚的に求められる時代になっているのだ。

ふるさとの喪失

ここで、東日本大震災からあまり時を経ていない時期のことを思い起こしてみよう。二〇一二年三月十一日、私は福島県伊達市の曹洞宗成林寺で、全日本仏教青年会による東日本大震災の慰霊・復興祈願法要に参加し、その晩は福島市の土湯《つちゆ》温泉に宿泊した。私ひとりではない。宗教者災害支援連絡会（宗援連）の数人の仲間とである。宗教者災害支援連絡会というのは、二〇一一年四月一日に発足した集まりで、宗教・宗派の違いを超えて宗教者や宗教研究者が集まり、有効な支援活動が行えるよう、情報交換を中心に主に東京で会合をもってきている。伝統仏教、神道、新宗教、キリスト教、さらにはイスラームも含め、さまざまな宗教団体に属する人、個人として宗教が関わる支援活動に関心をもつ宗教者、信仰者、宗教学者などが参加している。

その宗援連では、放射線被ばくの危険性が高い福島県での支援活動は若い人に任せるのは好ましくないという考えからシニアボランティアを提案し、まず宗援連の世話人自身が試みようということになった。当時は、まだ行政による除染は始まっていなかった。そこで、仏教寺院を拠点に僧侶と市民が協力して除染に取り組む企てに参加することになった。また、曹洞宗の青年会が行っている「行茶《ぎょうちゃ》ボランティア」（お茶っこサロン）に、他の宗派の若手僧侶らとともに参加させていただいた。そんなボランティア活動に加わるとともに、慰霊・復興祈願法要に参加しようというのが、このときの計画だった。

土湯温泉は福島市近郊だが山に入ったところにあり、その日は雪が降っていて車の運転にも細心の注意が必要だった。ここはさほど放射線量が高くはない。それでも震災後、訪れる客が激減したとのことだった。私を含め、温泉好きの参加者の意向にそって土湯宿泊が選ばれたが、当時は温泉に宿泊することも原発事故被災地支援になるとの考えもあった。土湯温泉はいい湯で景観もよく、体が温まった。売店には「土湯の水」がペットボトルに詰めて売られていたが、そこには大きく張り紙がつるされており、「土湯の水には、／放射性物質は、検出しておりません／ので安心してお召し上がり下さいませ。／（検査結果報告書参照くださ い）」とあった。

翌十二日には浪江《なみえ》町の方々が住む仮設住宅での「行茶」に加わった。二本松市赤井沢の旧平石小学校応急仮設住宅の集会場で、避難生活を続ける浪江町の方々のお話をうかがった。

多くを奪われて、先行きも見えずに、不便な仮設住宅で暮らす方々の苦難がほんの少し想像できたかと思ったのは、「ふるさと浪江」という歌を教わり、浪江町の方々とともに口ずさんだときだった。涙ぐむ方もおられたようだった。根本昌幸作詞、原田直之作曲、唄：沢田貞夫とあるその曲の歌詞は、次のようなものである。

一、ふるさと離れ　遠くへきたよ／ふるさとはいい　けれど帰れない
帰りたいなあ　わがふるさとへ／みどり豊な　あの町へ
ああ夢にみるよ　ふるさと浪江

二、鮭のぼりくる　泉田川よ／にぎわいをみた　請戸《うけど》の浜よ
帰りたいなあ　わがふるさとへ／桜花咲く　丈六《じょうろく》へ
ああ夢にみるよ　ふるさと浪江

三、秋は紅葉《もみじ》の　高瀬の渓谷《たに》よ／美しかった　あの一の宮
帰りたいなあ　わがふるさとへ／とどろきわたる　不動滝
ああ夢にみるよ　ふるさと浪江

福島原発事故が被災者、とりわけ強制避難地域の住民から奪ったものは多々あろうが、そのなかでも大きなものとして「ふるさと」をあげることができるだろう。「ふるさと浪江」の歌詞も見てみると、浪江町のなかの地名がいくつか出てくる。「泉田川」「請戸」「丈六」「高瀬の渓谷」「一の宮」「不動滝」。私のようなよそ者にはほとんどイメージがわかない名前だが、浪江町の方々はたくさんの思いがわいてくるに違いない。

それは「地域」と深く結びついた何かだ。季節とともに移り行く自然景観、家々などの建造物や道路や橋、山や丘や川や田畑、そこで仕事をした思い出、遊びにいって楽しんだ記憶、ともに行ったその他の多くのことども、ともに経験した人々、親、きょうだい、子どもたち、孫などであろうか。地名の数は多くないが、いくつかの地名からふるさとの地に関わるものごとや人々が次々と思い浮かんでくることだろう。地球全体から見たらとても小さな場所だ。だが、その地名が喚起するものはまことに多い。

地名がもつ喚起力は、そもそも「地域」がもっている大きな意味を思い出させてくれる。そして、多くの人々にとって「地域」は「ふるさと」である。生まれ故郷ではないが、移り住んで長い時間が経つというような「第二のふるさと」という意味も含めて、「ふるさと」と

「地域」は関係深いものである。福島原発事故はその「ふるさと」を吹き飛ばしてしまったのだった。

避難生活の困難——抑圧と分断

原発事故後に郡山市から新潟市に避難して、二〇一四年の段階でも新潟市に住み続けている「うたはさん」の文章を引こう。宇都宮大学の教員、髙橋若菜さんと、田口卓臣《たくみ》さん（現在は中央大学）が編集した、『お母さんを支えつづけたい——原発避難と新潟の地域社会』（本の泉社、二〇一四年）に掲載されたもので、小学二年生の次男にあてた手紙の形をとったものだ。「今伝えたいこと」と題された部分から引く。

私の大切なふるさと福島は自然豊かで、とても美しく、そして水も空気も食べ物もおいしいところです。その大切なふるさとは、福島第一原発事故による放射能汚染の恐怖に今もさらされています。

目に見えない、匂いもない、そしてどれほど危険か解らない放射性物質は水を汚し、空気を汚し、大地を汚し、すべてのものを汚して、たくさんのものを私たちから奪いました。原発事故から三年経ちましたが、計り知れない被害を現在ももたらしています。

（四八ページ）

人口三十万人を超える郡山市は地方都市としては大きい方だが、そこも「ふるさと」だという感覚は薄くはない。

二〇一一年三月一一日の東北大震災があったその年も、まるで何事も無かったかのように、福島にも春が訪れ、いつもと同じように綺麗な桜が咲きました。その桜の花の美しさに、私は泣きたくなるほどの切なさを感じたのを覚えています。

例年のごとく、家族で近くの大神宮にお花見に出かけ、お花見でしか売らない名物のお団子を桜の花を見ながら食べました。

（中略）

私の住んでいた福島県郡山市は、福島第一原発から直線で五五キロの所ですが、その郡山市の中でも私の自宅のある街の汚染状況はとても深刻になっていたので、咲いた桜を観ながら、「来年も再来年もその次の年も、その次も……。二〇年後も三〇年後も家族で一緒に福島のきれいな桜が見られますように」と心の底から願いました。

桜は何もなかったかのように咲きましたが、私たちは何もなかったかのようには生活出来ませんでした。原発の事故により私たちの日常は大きく変わってしまいました。

（四八―四九ページ）

うたはさんには三人の子どもがいる。豊かな自然に囲まれ，水と緑がきれいな街である郡山は子育てに最適な場所と思って家を買い、安心して暮らしていた。ところが、福島第一原発事故が起こり、大量の放射性物質が飛散したにもかかわらず避難指示も出ない。うたはさんは「大丈夫なんだ」と避難は考えなかった。ところが郡山のその地域は爆発の翌日、夕方から降った雨で放射性物質が地上に降り注ぎ、汚染がひどくなっていたのだった。

当時は地震の影響で断水がまだ続いて、給水車の列に「二時間並んだよ」と言った方。ガソリンを給油する車の列に「四時間並んだ」という方もいます。車が使えないからと、自転車で子どもと移動した方。学校の体育館が避難所になっていたので、そこへ避難していた子どもたちは校庭で元気に走り回って遊んでいました。

まさか見えない放射能が降っているとも知らないで、私たちは生活を送ってしまいました。

（四九―五〇ページ）

五月になって原発事故で飛散した放射性物質によって、長期的に健康被害がもたらされる可能性があることが明らかになってきた。インターネットで、一九九六年当時放送されたチェルノブイリ原発事故の被害の様子を見て衝撃も受けた。ところが小学校では、線量が毎時〇・四マイクロシーベルトに下がったから授業に校庭も使用するという。「危険を冒してまで、何故スポーツをしなければならないのか、私には理解できませんでした」。子どもが体調を崩すと放射能のせいではないかと心配になる。線量計を借りて測ってみると、二階の子ども部屋の線量が郡山市が発表している空間線量と同じだった。

家の中は安全だと思っていたので、家の外と中であまり変わらない線量に驚き、そんな中に知らずに暮らしていたことにかなりのショックを受けて、これ以上子どもを危険にさらしてはダメだと避難を決意しました。

安心して暮らせる家や場所を手に入れたはずだったのに、私はまだ住宅ローンの残るその家を残し、福島を離れました。

私の父母はまだ福島に住んでいます。長年住んできた土地を離れることは出来ないし、避難指示もない。周りのみんなも住んでいると言います。

（五二ページ）

ところがその両親も、震災の翌年になって近所の公民館で食品の簡易測定ができるようになり、栽培していた椎茸の数値を見て驚いた。これまで食べていたのをやめるようになった。

このことにより「危険だ」ということに、やっと両親も気がついてくれて良かったと思いましたが、良かったと同時にものすごくショックな出来事でした。

市民の生活はなんの政策も対策もなされず、危険にさらされている状況であること。

そして……未だに酷い放射能汚染の実態の証明でもありました。
そんな場所に両親が住んでいる。まだ多くの人が住んでいる。たくさんの子たちがいる。とても複雑な思いになりました。

（五二―五三ページ）

うたはさんの「ふるさと」に対する切々たる思いが伝わってくる。「ふるさとへ帰りたい……。でも帰りたいと思うふるさと福島は、原発の事故が起こる前の安全に暮らせる福島」でなくてはならない、と。

福島第一原発事故によって生じた被害は見えにくいもので、あたかも何もなかったかのように「復興」に邁進することを善と見なす人もいる。政府や県や東電にとってはそれが都合のよいことでもあるだろう。そして、「ふるさと」を大切にしたい人の多くも、「安全だから復興」、そして「復興のための帰還」という政官財等の意向に従わされている。だが、「ふるさと」が大きく傷ついていることは心の奥でよくわかっているようだ。

家族の間でも考え方が違うため、放射能に対する恐れを口に出すことができないような場合が少なくなかった。また、福島から避難してきた子どもたちがいじめられるようなことも多く起こった。被災者が被災による痛みを孤独に担い続けることがしばしば生じ、現在に至っている。

福島原発事故による被害では、復興をめぐる抑圧と分断が多数生じ、長期にわたって苦しむ人が生じた。だが、これはまったく新しいことではない。広島や長崎の原爆の被災者にも、水俣病の被害者にも起こったことだった。「人間の復興」がなかなか進まず、喪の仕事（グリーフワーク）が滞るような事態は繰り返し起こっている。

敗戦後の「心の復興」の困難

八月十五日は日本人が悲嘆を分かち合うことを望みつつ、それに伴う困難を自覚せざるをえない日である。満州事変に始まり一九四五年八月十五日の「終戦の詔勅《しょうちょく》」に至る時期に非業の死をとげざるをえなかった多くの人々のことを思い起こす。しかし、その歴史をどう見るかの違いが対立を生み、死者を偲び哀悼の気持ちを新たにするよりも、政治的な対立に関心を寄せざるをえなくなっている。ともに悲嘆を分かち合うことがしにくくなっているのだ。

かつてお盆のときに人はよく泣いたが、文明社会に進むことによって泣くのが下手になった――戦時中にこう述べたのは、日本民俗学の基礎を作った柳田國男である。『涕泣《ていきゅう》史談』と題されて刊行されたのだが、もとは戦時中の講演である。兵士の死を惜《お》しんで泣くのは戦意を妨げるからよろしくないとする軍の意向を批判する意図があったという。前世代の人々の方が、悲嘆を露わにするとともに他者の悲嘆を受け入れようとする、開かれた心をもっていたという考えもにじむ叙述だ。他者が自分の悲嘆に共鳴してくれることを期待できない状況では心を開いて泣くこともできない。

東日本大震災の後しばらくの間は、多くの日本人が悲嘆を分かち合おうとする姿勢を大事にしていた。だが、悲嘆の共同性は次第に後退していく。記憶が薄れるにつれて、またそれぞれ自分自身の、あるいは仲間内の関心事に没頭していくようになる。昨今は無残な事故や事件が繰り返される。過失にせよ、意図的にせよ、まったく罪がない人たちが犠牲になり、人々が悲嘆に暮れるような出来事が毎日のように報道される。その現場に花束を捧げたいと多くの人が感じるような事柄だ。しかし、それも長続きしない。

しかし、何とか悲嘆を分かち合う場をもとうとする努力が続けられる。一九八五年の八月十二日に起こった日航機の墜落事故では五百人以上の方が亡くなったが、墜落現場の御巣鷹《おすたか》山《やま》に登って死者を悼む人々は今も少なくない。そこへ行くと死者と会えるように感じる遺族がいる。そうした遺族を支援して、ともに悲嘆を分かち合おうとする地元の人々もいる。その地は新たな聖地になったとも言える。美谷島《みやじま》邦子『御巣鷹山と生きる』は、悲嘆を分かち合う新たな形を遺族の集いの代表者が描いた好著である。

東日本大震災で亡くなった方々の遺族がその悲嘆をどのように分かち合おうとしているか、想像するのも容易でない。三月十一日前後にテレビ番組で報道されることで、忘れかけていた当時の思いにようやく引き戻される人も多いことだろう。「復興」についてのニュースは多い。だが「復興」の進展とともに、心の事柄としてはとても重要である「悲嘆を分かち合うこと」は、その機会がますます限られていく。多くの遺族はそれぞれの悲嘆を抱えているが、それを分かち合うことができずに苦しむ。死者も遺族も「忘れられていく」ことにやるせない思いをもち、むなしく「復興」のかけ声を聞くことにもなる。

事故や事件のときには特にそうだが、災害のときにも「なぜ、そのようなことが起こり、悲しい死にあわねばならなかったのか」という問いが渦巻く。私たちが経験しているこの悲しみに見舞われないですむよう、何かできることがあったのではないか。今後はそのようなことが起こらないようにしてほしい。そのために何ができるのか、ともに考えてほしい。この問いが絶えることはない。そしてそれは怒りともなる。悲しみの背後には強い問いかけと怒りがある場合が少なくない。日航機事故の遺族の集いもそうした問いかけや怒りが結集の大きな要因となっていた。東日本大震災でもそのような例は多々見られると思うが、特に福島原発災害でそれは顕著だ。

二〇二〇年の東京オリンピックの招致にあたって、日本政府や招致関係者が「福島原発事故は十分に制御されていて心配することはない」と呼びかけたことに違和感をもつ人々は多かった。未だに人が居住できない地域は残っている。帰還できるとされた地域でも帰還したくない人が多い。一方、避難している人たちへの支援は打ち切られ、賠償も限定的にしようという動きが目立つ。「被害をなかったことにする」と感じ、「復興」をアピールしようとする政府側への反発が根強い。

「復興」というけれども、まだ原子炉は壊れたままで、燃料の取り出しのめどもたっていない。汚染物質は流出し続けている。そのことを「忘れないでほしい」という声は底流に響いている。他方、経済的な後退や人口流出が終わり、早く産業が立ち直り、若者の育成も進むようにしてほしい、そういう意味での「地域の復興」を望む声も大きいのは十分理解できる。農業や畜産や漁業に携わる人々、企業経営に奮闘する人々にとっては「地域の復興」は身近に感じられ、まだ苦悩は続くというと、悪しき「風評被害」と受け止められることもある。

だが、「人間の復興」という観点からは、悲嘆と怒りと問いかけの側面を除外した「復興」はとても頼りなく不十分である。グリーフケアという観点から見ると、個々人それぞれの悲嘆とともに悲嘆の集合的な次元がある。ともに悲嘆を分かち合うことが重要であり、それは「このようなことを二度と繰り返さないでほしい」という願いとも結びついている。このような願いとともに悲嘆を分かち合う場を作り育てていくことが重要だ。戦争の悲嘆、災害の悲嘆、事故や事件の悲嘆のいずれにおいても、これは重い課題であり続けている。東日本大震災と福島原発災害においては、これからこの課題の重要性が認識されてくることになるだろう。

水俣の苦難――魂・罪・祈りへ

ここで思い起こされるのは、水俣病の被害と復興の経験である。チッソ水俣工場の企業城下町だった水俣では、チッソを守ろうとする人々も多く、水俣病の被害を認めない、あるいは小さく見積もろうとする傾向が根強く、被害者が声を上げにくい状況が続いた。また、被害者を忌避する差別も人々を苦しめた。政府や熊本県がチッソという企業の責任を認めようとしなかったことが、こうした分断を深め、被害者の声が部分的にせよ聞き届けられるまでに長い時間がかかった。石牟礼《いしむれ》道子の『苦海浄土《くがいじょうど》』などにその経緯が描き出され、ようやく社会の認知も進んだ。

水俣の苦難に対して、被害の補償を求める闘争という形から、霊的な次元をも含んだ自覚を伝え分かち合うという形への転換があった。大きな力による抑圧に抗《あらが》うという姿勢は変わらないとしても、そこで「神仏」の次元が強く打ち出され、魂や罪や祈りといった語が前面に出てくることになる。この転換をよく見える形にしたのが、一九九四年に始まる「本願の会」の活動だ。

汚染された海の埋め立てについては、一九七七年ごろからその是非をめぐる議論が始まり、紆余曲折を経て一九九〇年にエコパーク水俣が完成した。約五十八ヘクタールのその広大な土地は、山のゾーン、里のゾーン、街のゾーン、海のゾーンの四つの区画に分かれている。「海のゾーン」は西端にあり、大きな港湾緑地には海の広場、水鳥の池、そしてソフトボール・野球場四面を含む「潮《しお》騒《さい》広場」がある。そのさらに海際の親水緑地には、二〇〇六年に設置された「水俣病慰霊の碑」があり、水俣病公式認定の日である五月一日には、例年、水俣病犠牲者慰霊式が行われている。

この碑のまわりに本願の会による石像が点在しており、二〇〇四年までの間に設置されたものは五十二体を数える（下田健太郎『水俣の記憶を紡ぐ——響き合うモノと語りの歴史人類学』）。恵比寿、地蔵、夫婦、母子、猫、魚などの姿を思わせるもので、いずれも西側の海の方を向いている。建立者の名前や建立年代が書かれたものもある。また、「一九八三年までここは海でした」「いのるべき　天と思えど　天の病む」「夕映への海で　魚がはねて　いのっている」「夕映の海」「願」「夢」「弥」「風」といった記銘がある（同、六八ページ）。

魂の次元が関わる「もやい直し」

記銘の言葉からも、これらの石像が祈念の形象であることが感じられる。西の海の方を向いており、「夕映の海」と記銘されていることは西方極楽浄土の文化的記憶が反映しているようにも思われる。本願の会の立ち上げの中心にいた緒方正人は、これについて以下のように述べている。

本願の会という小さな集まりを作って、「魂石」――野仏さんを刻んでその埋立地に置いていこうということです。それは私たちの自覚のしるしでもあるわけです。終わりきれないところを、ずっと向き合っていきたいし、それが私たちの今いちばん大きな課題であると思っています。

その本願とは、大いなる自然の命に繋がる、そのことに目覚めるということだと私は思います。(中略)共に命としてあらんことを願うというふうで、その願いは、実は私たちの方にかけられている。私たちが願っているということだけでなくて、おそらく、私たちの方にかけられた願いだろうと思います。

（緒方正人『チッソは私であった』一三五―一三六ページ）

「魂石」の作成や設置に示される本願の会の活動は、「もやい直し」という集合的な痛みの修復、グリーフの分かち合いの動きと深く関わっている。水俣病資料館のホームページでは、「もやい直し」を次のように説明している。

もやいとは、もともと船をつなぐことや共同でことを行う意味です。人と人との関係、自然と人との関係がいったん壊れてしまった水俣で水俣病と正面から向き合い、対話し協働する取り組みを「もやい直し」と名づけています。

水俣病が発生した当時、水俣病患者は伝染病や奇病と疑われ、近所づきあいを断られるなど大変つらい思いをしました。その後、原因がチッソの排水中の水銀であることがはっきりしても、チッソに頼る市民から、患者は裁判や補償でチッソをおびやかす存在としてうとまれてきました。

また、認定申請した患者の中に「ニセ患者」がいるとの、あらぬうわさも流されるなど補償金にまつわる差別やいやがらせも生まれました。水俣病が経済的に依存してきたチッソが原因で水俣病が発生したり、チッソの大きな労働争議も重なったため住民間の対立が激しく起こり、立場が違う人とは対話が途絶えた状態が長く続きました。

しかし、近年そうした過ちを乗り越え「対立からは何も生まれない」ということに気付いた行政・市民・被害者は、対話や催しを積み重ねながら水俣の再生に向かって行動しています。

東日本大震災と福島原発災害は重なり合って、特に後者の被害からの復興は容易でない。多くの人々が長期の苦難や悲嘆とともに生活を続けざるをえず、現在に至っている。この二重の災害の後の時期は、多くの人々がグリーフケアの意義を認識する時期だった。グリーフケアが「人間の復興」「心の復興」に寄与することについて社会の認識が深まり、グリーフケアという言葉が広く知られるようにもなってきた。臨床宗教師の活動が注目され、カフェ・デ・モンクなどのグリーフケアの集いも数多く開かれるようになっている。グリーフケアをめぐる新たな文化が形成されつつあると見ることもできるだろう。

だが、他方、東日本大震災と福島原発災害によって生じた痛みのなかには、なかなか回復の方向が見えてこないものもある。福島原発災害をめぐって「ふるさと喪失」が裁判として争われていることは、そのことのわかりやすい例証となるだろう。これまでの生業が失われ生活基盤が破壊されたことが償われていないと感じている人々が多数いる。「自主避難」と呼ばれ、ほとんど補償の対象となっていない人々のなかには、人知れぬ悲嘆のなかに閉じ込められている人たちも少なくない。「人間の復興」「心の復興」から遠いと感じている人々である。

こうした被災者たちの心の回復が進むためには、水俣で「もやい直し」と呼ばれたような分断の克服、もつれた関係の修復に向けた動きが必要となるだろう。もちろんそうした動きを進めようとしている人たちはいる。だが、それが広く人々に認知され、その動きが共有されるには至っていない。水俣において「本願の会」が指し示したような「魂の復興」の方向性がまだ見えていないのだ。

これは文化の課題とも言える。そして、宗教的な次元がそこに深く関わっている。水俣においても、苦難の発生からそのような動きが可視化されるまで数十年を要した。東日本大震災と福島原発災害の場合、二重の災害による地域社会と住民たちの心の複雑骨折とも言える状態が続いている。「人間の復興」に向けた文化の再構築は、今後になお大きな課題を残していると考えなくてはならないのだろう。

主要参考文献

島薗進（二〇一九）『ともに悲嘆を生きる——グリーフケアの歴史と文化』朝日新聞出版

苦難の先に見いだす〝希望〟

——原発事故型PTSDといかに向き合うか

早稲田大学災害復興医療人類学研究所所長　辻内琢也

抜け出せない泥沼——原発事故型PTSD

二〇一一年三月十一日に発生した東日本大震災は地震と津波、さらに東京電力福島第一原発事故が重なる複合多重災害であった。発災から十三年半以上がたつ現在も、行方不明者は約二千五百人を数え、約二万九千人の避難者が故郷から離れて暮らさざるを得ない状況に置かれている。東日本大震災は決して過去の出来事ではなく、今もなお続く災害となっている。

発災翌年の二〇一二年以降、早稲田大学では毎年、市民団体やメディアなどと協力して、原発事故被災者が受けた精神的苦痛の把握や、今後の支援の在り方の検討などを目的にアンケート調査を継続して実施してきた。原発事故の影響で埼玉県に避難した人たちを対象に実施した第一回の調査では、有効回答者のおよそ七割に心的外傷後ストレス障害（ＰＴＳＤ）の可能性が見られるという結果が得られた。ＰＴＳＤには、①侵入症状（出来事の反復的・侵入的な苦痛を伴う想起で、いわゆるフラッシュバックのこと）、②回避症状（外傷的出来事を思考・感情・行動のレベルで意識的・無意識的に回避しようとする症状で、抑うつ症状と類似した状態を伴うことが多い）、③覚醒亢進《こうしん》症状（睡眠障害、イライラや怒り、過度な警戒心や驚愕《きょうがく》反応であり、いわゆる神経の高ぶりが収まらない状態）という三つの症状がある。

地震と津波による被害、さらに原発事故によって避難生活を余儀なくされたことで、避難者は甚大な精神的ダメージを負っていたのだ。個人の感じる痛みを単一に比較することはできないものの、阪神・淡路大震災や新潟県中越地震、あるいは東海村ＪＣＯ臨界事故といった過去の震災や事故と比較しても原発事故の被災者はより強いストレスにさらされていることも明らかになった。

さらに調査を継続していくなか、ある傾向が見られることが分かった。二〇一二年から一五年まではPTSDの可能性がある高いストレス状態の避難者の割合は減少傾向にあったものの、その後は四割前後を維持したまま、現在に至るまで高止まり状態が続いているというものだ。

避難者には、政府や自治体の指示で放射線被ばくの恐れが高い区域から強制的に避難を余儀なくされた「強制避難者」と、避難指示区域外からの「自主避難者」と呼ばれる人びとがいる。自主避難者のなかには、子どもの放射線被ばくを心配して、子連れで避難を決めた母子避難者が数多くいる。地震と原発事故の発生後の混乱した状況のなかで、子どもの将来や安全を考え、故郷を離れて生活を立て直そうとしたのだ。

しかし、国は二〇一四年から避難者の帰還政策を打ち出し、避難指示解除準備区域に指定されたエリアから避難指示を順次解除していった。問題は帰還者には住宅の修繕や再建の補助金を用意した一方で、避難を継続する人に対しては住宅提供の打ち切り措置を進めていったことだ。二〇一七年三月には、「自主避難者」への住宅支援も打ち切られた。ようやく移住先のコミュニティーにもなじみ、生活再建に奮闘していた避難者がいるにもかかわらず、あからさまに帰還を優先するような政策を推し進めた結果、帰還者と避難者の間で分断が生じ、地域コミュニティーは崩壊していった。被災地を守り復興を促すという当初の目的とは正反対の結果を招くことになった。

生きるための基盤である住む場所を奪われることは、被災者の将来の生活に対する不安に直結する。二〇一五年以降、PTSDの可能性がある高いストレス状態の被災者の割合が高止まりの状態で続いているのも、その一つの証左と言えるだろう。

PTSDには戦争や紛争、大規模な自然災害など一度の大きなショックを受けて発症する「急性単発型PTSD」の他に、近年指摘されるようになった虐待やDV、いじめなど繰り返し恐怖にさらされ続けることで発症する「慢性反復型PTSD（複雑性PTSD）」とされる異なるタイプが存在するが、調査を続けるなかで、東日本大震災、原発事故を経験した避難者は、これら二つのPTSDを複合的に発症しているという仮説が浮かび上がってきた。私はこれを「原発事故型PTSD仮説」と呼んでいる。避難者は、地震や津波、原発事故という大きなショックを経験した後、長期間にわたる避難生活のなかで、政府の対応や環境の変化から将来に対する強い不安を日常的に感じているのだ。そうしたなかで、次から次へと支援策が打ち切られていく様相は、まさに〝抜け出せない泥沼〟に陥れられていると形容できるだろう。

原点となった阪神・淡路大震災

被災者に見られるPTSDの問題に取り組むことになった私の原点は、一九九五年一月に起きた阪神・淡路大震災であった。医学部生時代から人間の健康を考えるには身体だけでなく心理的な影響も考慮しなければならないと考えていた私は、将来は心療内科の道に進むことを希望していた。現在では隔世の感があるが、当時はストレスが人間の身体に影響を及ぼすという「ストレス学説」は医学界では十分に認められていなかった。日本における心療内科の先駆けだった東京大学や九州大学の研究者が懸命に科学的根拠を集め、ストレス学説を立証しようと奮闘していたことが思い起こされる。

神戸のまちを巨大地震が襲ったのは、そんな私が東京警察病院で内科研修を終え、東京大学医学部心療内科に入局して間もない時期であった。多くの家屋やビル、高速道路までが倒壊し、方々から黒煙が昇る変わり果てたまちの姿や、日に日に増える死傷者の数に驚愕した。そして被災者であふれる避難所の状況をテレビの画面越しに見つめるなか、居ても立ってもいられなくなり、私は現地にボランティア医師として駆けつけることはできないかと考えるようになっていた。

そのなか、私に現地へ駆けつける機会をつくってくれたのが、「国際保健協力市民の会」（略称〝シェア〟）による医師の派遣だった。当時、私は同会の会員でもあった。シェアは日本で暮らす外国人への医療支援や、カンボジアや東ティモールなどの東南アジアの開発途上国において医療を提供できる人材を育成するミッションを掲げた、日本発の国際ＮＧＯであり、私はそのなかでメンタル面も含めた内科全般の医療技術を身につけ、将来的には開発途上国に赴き、国際協力に貢献したいと考えていた。そのシェアの事務局に連絡を取ると、災害ボランティアとして医師を被災地に派遣していることが分かり、私もそのシフトに組み込んでもらえることになった。

そのことを東大の心療内科の教授や先輩に報告すると、「医療支援と並行して、被災者が受けているストレスについて調査してみてはどうか」というアドバイスを受けた。すぐに他の医師たちとも相談しながら、質問項目の検討を開始し、診察の効率を図るために一ページに収まる問診票を作成した。質問項目には身体症状の他に、精神症状を尋ねる項目も盛り込み、さらにこれらの症状と被災状況の関連性を考えるために、「近親者死亡の有無」「建物倒壊や物品損害の有無」「現在の居住状況」などの記入も求めた。

被災地では救護室（保健室）にとどまって診察するだけでなく、自らも避難所内を歩き回り、高齢者への声かけを行うなど、今でいうアウトリーチを実践した。シェアの医療チームには海外の難民キャンプでの活動経験の蓄積があり、それが生かされた。診察やアウトリーチを行うなかで、被災者の血圧も測定した。すると、もともと高血圧症ではない人たちにも高い血圧値が測定されるケースが続出していることが分かった。大きな災害ストレスを受けることで、心筋梗塞などの心疾患を発症しやすくなるという、医学的に意味のあるデータを得ることができた。

こうした現地での医療支援を通して、徐々に浮かび上がってきたのは、近親者や知人を亡くしたり、自宅を失ったりするなどして精神的なダメージを受けている人たちは、一時的に高揚し、風邪をひくこともないほどに強いストレスを感じているということだった。その後、東京に戻り、問診票で得たデータをもとに、先行研究等を参考にし、論文として発表した。同論文は高く評価され、日本心身医学会「石川記念賞」を受賞することにもなった。

当時の私は、健康と病気を対象にした人類学的研究に取り組む「医療人類学」について知らなかったものの、アウトリーチを通し地元住民の語りに耳を傾けるなど、振り返ってみると、医療人類学につながる行動をすでに取っていたということになる。まさに阪神・淡路大震災でのボランティア活動は、学術面においても、また震災と向き合うという姿勢においても、私の原点と呼べる出来事となっている。

阪神・淡路大震災以降、病気になった経緯や病気とどう向き合うのかを患者自らに語ってもらい、医師と患者がともに治療方法を考え、回復の道のりを歩む「ナラティブ・ベースド・メディスン」と呼ばれる医療の可能性についても研究し、二〇〇八年に発生した四川大地震（中国）では、災害対策の経験を学ぶために来日した中国の調査団に、そうした治療の可能性についてもレクチャーさせていただいた。これらの経験はすべて、福島原発事故の避難者が抱える生活の不安等に向き合う現在の姿勢に生かされている。

構造的暴力が生んだ分断

追い詰められる避難者の状況を詳しく分析していくと、彼らが「構造的暴力」にさらされている実態が見えてくる。構造的暴力とは平和学の創設者であるヨハン・ガルトゥングが提唱した概念であり、国際保健の分野でもよく用いられる。構造的暴力は社会の仕組みや構造がもたらす間接的な暴力を意味し、暴力を行使する主体である人間が存在する「直接的暴力」の対概念となっている。

また、構造的暴力は直接的暴力に比べ認識しにくい特徴を有している。原発事故という巨大な暴力は、そこに住む人々の生活すべてを根こそぎ奪い去ったが、それのみならず、政府による帰還政策や賠償金の格差が住民の分断を生んだ。さらに加害者であるはずの国や東京電力の責任もあいまいにされた。これらは構造的暴力となって、被災者の日常生活や人生設計を蹂躙《じゅうりん》している。

二〇二二年に行った調査では、ＰＴＳＤの発症に、より強く影響する三大リスク要因として「賠償・補償問題の心配」「現在の失業」「避難者としてのいやな経験」があることが明らかになった。「賠償・補償問題の心配」「現在の失業」は、原発避難者の経済状況にかかわるリスク要因である。失業理由を詳しく見てみると、年齢が雇用条件に合わないといった声や、自営業を再開できないという声が見られた。いずれも事故によって避難することになり、元の職場や居住地で仕事ができなくなったからこそ生じた問題と言える。こうした理不尽な状況を招いた責任として、国や東京電力は十分な賠償と補償を実施しなければならないはずである。ところが、現実はそうなっていない。

二〇一八年三月十六日、国と東京電力に対し損害賠償請求した首都圏への避難者ら四十七人に対する判決が東京地方裁判所で行われた。四十七人のうち五人は請求が認められず、残りの四十二人に対する賠償額が裁判長によって読み上げられたが、ほとんどが百万円前後で、最低額は四十二万円であった。傍聴席で判決を聞いていた私は、一人ひとりの賠償額をメモに取りながら、あまりの少額に唖然《あぜん》とした。それは原発事故で人生のすべてを奪われた被災者に対する賠償額とは言えない額だったからだ。

原発事故とそれにともなう避難生活がもたらした経済的損失や精神的苦痛に対する正当な評価は全くなされなかった。しかし、賠償の問題は金額の多寡《たか》だけに限らない。看過してはならないのは、本来、東京電力が負うべき賠償責任を国が税金を用いて肩代わりすることで、結果として国民の避難者に対する差別や偏見を助長させてしまったことだ。実態としては不十分な賠償・補償であるにもかかわらず、避難者は今なお、周囲から「税金で暮らしているのだろう」「電気料金が上がったのはあなたたちのせいだ」といった、いわれなき非難にさらされ、甚大な精神的苦痛を受けている。これがPTSD発症の三大リスク要因の一つ、「避難者としてのいやな経験」として表れている。

いわき市の復興住宅で聞き取り調査を行った際、ある避難者は自らの体験として、スーパーマーケットでまとめ買いをしていた際、「賠償金をもらっているから、たくさん買い物をしている」と陰口をたたかれていたことを語ってくれた。日常生活のささいな行動一つを取っても、そのように周囲に誤解され、嫉妬の眼差しを投げかけられる避難者の痛みを感じずにはいられなかった。

〝人災〟である原発事故を引き起こしながら、国や東京電力はその被災者を守るどころか、加害責任をあいまいにし、不十分な賠償・補償を実施することで、社会に分断と対立の種をまいた。さらに帰還政策を拙速《せっそく》に推し進め、各種支援策を打ち切ったことは「原発事故は終わった」という印象にもつながっている。ＰＴＳＤの症状の一つであるフラッシュバックに悩む避難者が数多くいる一方、過去の経験を周囲に語ることで、「まだ原発事故のことを言っているのか」といった言葉で突き放される経験をした避難者も少なくない。暴力が新たな暴力を呼ぶという負の連鎖が続いている。

医師であり医療人類学者であるポール・ファーマーは、二〇一〇年のハイチ大地震により生じた社会状況を臨床医学で使われる言葉を使って、「慢性状態の急性増悪《ぞうあく》」と呼んだ。植民地時代からの強国による不当な社会的・経済的圧力、そして近代化の歪みといった歴史が作り出した慢性的な社会病理が、地震という打撃によって急性的に増悪したと理解したのだ。

東日本大震災と福島原発事故によって生じた社会状況もまた「慢性状態の急性増悪」と理解できると私は考えている。戦後、「核の平和利用」の名のもとに国策として進められてきた原発政策、新自由主義の競争原理にもとづく経済発展と社会格差、社会の隅々にまで浸透する自己責任論など、日本社会に長く根付くこれらの構造的暴力が、地震と原発事故をきっかけに一層深刻化し、被災者を苦しめているのである。

被災者が構造的暴力に慢性的にさらされる状態は、DVや虐待を繰り返し受けることと極めて類似した構図となっている。DVや虐待を行う加害者は暴力的な振る舞いの後、「反省している」と言って懺悔し償いの行為を示すが、それが繰り返されるなかで、被害者は暴力を受けるのは「私が悪いから」と自らを責め、加害者との依存関係から抜け出せなくなる。

それは国や東京電力による理不尽な対応、構造的暴力にさらされる避難者・被災者の姿と重なる。失ったものがあまりにも多すぎる人々にとって、生活再建をするためには、賠償金や補償に頼らざるを得ない。そのことから国や東京電力に恩義を感じる人もいる。「これ以上、税金の世話になるのは申し訳ない」と感じている人さえいるのだ。さらに帰還政策が推し進められることで、帰還しない人には「自己責任論」が押しつけられ、生活再建ができないのは本人のせいであるとの風潮が強まり、避難者は社会的孤立に追い込まれている。このように避難者は生活や人生の決定権を奪われ、一つひとつの政策決定に翻弄《はんろう》されるようになっている。私はこの一連の構造を、「構造的暴力による社会虐待」と呼んでいる。

東日本大震災と原発事故の教訓——コミュニティーを守り孤立を防ぐ

東日本大震災と原発事故による被害が続くなか、二〇一六年には熊本地震、さらに二〇二四年には能登半島地震が発生した。能登半島地震では、半島という特殊な地形の影響もあり、道路が寸断されて支援が行き届かず、生活インフラも大きなダメージを受けた。水道が長期間にわたって断水する事態に陥った。復旧作業が遅れ、人々が住めなくなった集落ができ、子どもたちの教育を考え、数百人単位の子どもたちの集団避難も行われた。被害の大きかった輪島市や珠洲《すず》市の中学生たちは、新年度が始まる四月には元の学校に戻ることができたが、いまだ二千人以上の避難者がいると報道されている（二〇二四年九月現在）。

東日本大震災と原発事故と同様に、長期の広域避難を実施する場合、家族や避難者、避難先のコミュニティーとの間でさまざまな分断が生じる危険性がある。だからこそ、これまでに実施されてきた避難者に対する復興支援の課題を反省し見直すことは、今回の能登半島地震や今後日本で発生する災害の対策を考える上で有益である。

震災後、被災者が直面する最大の課題は生活再建であることは言うまでもないが、生活再建に至るまでに被災者は避難所生活による過度なストレスにさらされ、その後、二次避難先に移動し、再スタートを図ることになる。その間、住居も仕事も失われた避難者に対し、国や自治体の切れ目のない支援が必要であることは間違いないだろう。能登半島地震における避難者への政府の対応を見ていて、残念に感じたことは、被災地を離れ県内外に避難する人々を「自主的に避難する被災者」としたことだ。これは東日本大震災と原発事故の教訓をむしろ逆手にとった、「自己責任論」の押し付けと言えるだろう。自主的な避難者であろうが、危険を避け、避難先から生活再建を目指す人々に対する切れ目ない支援策こそ必要ではないだろうか。

人口縮小が続く集落で児童・生徒の長期広域避難が生じた場合、集落のコミュニティーをどう守るかという切実な問題への対応も大きな課題である。子どもたちの避難が長引けば、まず母子避難の形をとる家庭が増え、やがて他の家族も避難先で仕事を見つけ、人々が流出することも考えられる。子どもたちが安心し学び続けるために避難させることは必要だが、それと同時に地域コミュニティーを守り、維持していくため、政府は知恵を絞らなければならないだろう。

政府は、原発事故避難者の支援で行ったような帰還者を優遇する政策ではなく、避難の継続や帰還の選択を問わない生活支援を充実させるべきだ。たとえば、二次避難先で住宅を借り上げる際には、「子どもが卒業するまで」「集落が安全に暮らせる環境に戻るまで」等の期限を明示し、数年間は無償で住み続けられることとし、避難の継続と帰還のいずれを選択しても同等の補償を受けられる仕組みを設けることが有用だ。

二つの選択肢を平等に用意することで、一人ひとりの避難者が生活の実情に合わせた決定を下すことができ、将来の生活プランを立てやすくできる。孤立防止のためには、被災者の見守りやケアを行う復興支援員の活動を支援することも重要だ。今よりも人員を増やし、帰還や避難の継続、移住などさまざまなケースを想定して、避難者の生活支援に当たることができる態勢を整えなければならない。また、子どもたちのスモールコミュニティーを守るために、学校と避難先をつないだオンライン授業の実施も視野に入れていいだろう。

その他、身体的・心理的・経済的困難を抱える避難者に対し、医療者・臨床心理士・社会福祉士・弁護士等による協働支援体制の構築も必要だ。また、実行される施策に対し、当事者も加わった独立機関によって検証が行われる仕組みも整え、実効的な支援が実施されるようにしなければならない。

見直すべき点は多くあるが、いずれにせよ、避難者のニーズに耳を傾け、真に必要な支援を実施することが、避難者やその家族にとって大きな安心となり、いたずらに分断を生むことを回避できるものと私は考える。

不幸中の幸いと言うべきか、能登半島地震では原発事故の悲劇は今のところは繰り返されてはいない。震源近くには志賀原発があったものの、東日本大震災の発生以降、運転が停止されていた。ただし、停止中といっても、貯蔵プール内には使用済み核燃料が眠っている。今回の地震後、志賀原発の近くにあり、多大な影響を及ぼしかねない富来川《とぎがわ》南岸断層とみられる地表にずれやたわみが長さ三キロ以上続いているのが確認されている。地震によって交通網が寸断されたところに原発事故が重なると、一体どれほどの被害が生じるのか——。万が一の場合に備え、国には国内のすべての原発に対して現実的な避難計画を一刻も早く策定することを強く求めたい。

対話を通して垣間見た〝希望〟

東日本大震災の発生以降、継続して調査してきた大きな動機の一つは、被災当事者が抱えている苦悩の多くは、巧妙に仕組まれた構造的暴力によって引き起こされたものであり、その意味で普遍的な社会的苦悩とつながっているということをデータから示したいということだった。当然、個々人の抱える苦悩は多種多様であり、それは他の誰かの苦悩と代替することはできない。しかし、それが引き起こされる要因に着目すると、決して個人の自己責任ではなく、社会構造や制度に共通する問題があることが明白なのである。

構造的暴力が生み出す苦しみに、私たちはどのように向き合えばいいのだろうか。この不条理な現実を前にして、希望を見いだすことはできるのだろうか――。

先述のポール・ファーマーをはじめ、彼と志を共有する医療人類学者たちは、社会構造によって引き起こされる苦しみを「社会的苦悩（social suffering）」と呼んだ。原発事故被害は、まさに彼らの言う社会的苦悩の複合体である。

彼らの仕事に敬意を示しつつ、私はこの「苦悩」を「苦難（calvary/tribulation）」と捉え直したい。苦難という言葉は、その語源の一つがイエス・キリストが十字架にかけられた丘の名である「ゴルゴタ（Golgotha）」であるように、多分に宗教的な意味合いを含むものである。私がこの言葉を用いるのは、イエス・キリストの物語が持つ、希望へとつながる〝時間的な展開〟に注目したいからだ。

「苦悩」と言うと、過去の体験から現在に至るまでの状況しか表せないが、「苦難」を用いることで、過去から現在、そして未来へと続く時間的な展開のなかで、個人を巧妙に搾《さく》取《しゅ》する今の社会構造はやがて変容するという可能性を残しておきたい。どんな物語にも苦難の先には救いが待っている。

苦難を意味する英語には、もう一つ「tribulation」がある。この言葉は、迫害や抑圧などによる苦難を意味する。つまり、この単語のなかに〝社会との関係性から生まれる苦難〟というニュアンスが含まれており、それはまさに私がここまで論じてきた問題意識とも響き合う。

震災から十年がたった二〇二一年から、新たな取り組みとして、私のゼミに所属する学生による、彼らと同世代の原発事故被災当事者へのインタビューを開始した。当時、小学生だった被災当事者たちが、この十年間、どのように原発事故と向き合いながら暮らしてきたのか。同世代の学生とグループを作り、当事者たちの安全・安心を保証することを徹底して、インタビューを実施した。

避難先の学校での凄惨《せいさん》ないじめ、福島で生まれ育ったというアイデンティティーを秘匿《ひとく》しながら生きてきた孤独感、震災と原発事故で深く傷ついた親の顔色を窺《うかが》い続けてきた日々。壮絶な日々を生き抜いてきた当事者の悲痛な語りは、聞き手を務めた学生たちに大きな衝撃を与え、次第に彼らのなかには当事者に対する尊敬の念が芽生えていった。当事者にとっても、これまで誰にも話せなかった思いを、同世代の学生たちに傾聴してもらうことで、安心と癒《い》やしが得られる場となっている。

グループでの聞き取り調査を複数回行った後に、対話を通して学んだことを学生たちが発表するシンポジウムも開催している。この一連の取り組みは、今後も継続して実施していくつもりだ。

学生たちの学びを見守るなかで、私としても改めて気付かされることが多くある。そのなかの一つに、災害の有無にかかわらず、現在の多くの若者が生きることに精いっぱいな状態にあるということだ。彼ら自身もまたケアを必要とする存在なのだ。教員として呻吟《しんぎん》しながらも、被災当事者と学生たちとの対話を進めていくなかで、この場がそれぞれの抱えている苦しみを傾聴し合う、相互ケアの空間となっていることを実感している。

近年注目されているオープン・ダイアローグやピアカウンセリングなどにも徹底されていることだが、誰も相手を攻撃しないというルールを徹底した、安全・安心に語り合える環境を用意することは、当事者の回復にとって極めて有用であることが分かっている。これは原発事故型PTSDに苦しむ人々にも適応できる話で、実際に学生との対話に参加してくれた被災当事者からは「今後への希望を持つことができた」という声が寄せられた。

また、能登半島地震が発生した際には、原発事故の被災当事者から、「能登の子どもたちが避難することになっても、決して私たちと同じ思いはさせたくない」と綴られたメールを受け取った。原発事故という大きな苦難を経験した彼らだが、一日また一日と生き抜くなかで、彼ら自身が紡いできた物語が他の誰かを救おうとしている。まさに時間的な展開のなかで、被災当事者たちの苦難が希望へと転じようとしているのだ。とともに、それは行政のサポートがいまだに不十分であると示していることへの留意も忘れてはならない。

社会の構造的暴力という〝大きな物語〟を前にしたとき、私たち一人ひとりの存在はちっぽけに感じられるかもしれない。しかし、一人の人間の可能性を決して過小評価してはならない。私たちは今、一人ひとりの市民が社会を変えることのできる民主的な社会を生きている。個人と個人がつながることで、一人では実現の難しい希望を叶えることができるはずだ。困難を抱えた個人同士が連帯することで、変革への風を必ず起こすことができる。

一人ひとりが抱える〝小さな物語〟が、重なり合い、共鳴し合うなかで、やがて大きなうねりとなって、〝大きな物語〟に抵抗する力が生まれる。遠回りのように見えるかもしれないが、自身の調査・研究、そして被災当事者と学生たちの対話を進めるなかで、より良い社会へ進んでいる確かな手応えを私は感じている。

主要参考文献

辻内琢也・増田和高編著（二〇一九）『フクシマの医療人類学：原発事故・支援のフィールドワーク』遠見書房
辻内琢也／トム・ギル編著（二〇二二）『福島原発事故被災者　苦難と希望の人類学：分断と対立を乗り越えるために』明石書店

「未来の他者」への想像力と我らの責任

社会学者　大澤真幸

戦後日本の集合的無意識

「日本のエネルギー政策は脱原発の方向へ大きく舵《かじ》を切らねばならない」——東日本大震災に続いて起きた福島第一原子力発電所の事故が発生した当時、そうした議論が日本社会でにわかに巻き起こった。

ところが、あれから十三年半以上がたった今、私たちはエネルギー政策、とりわけ原子力政策に関して、決定的な判断を下しただろうか。

二〇二四年の元日には能登半島地震が発生し、震央から約七十キロ南東にある志賀原発では一部設備に被害が発生した。さらに南海トラフ地震が発生した際には、複数の原発が大きな揺れや津波に見舞われるリスクが指摘されている。それにもかかわらず、私たちはいまだに原子力政策の方向性に関して、大きな決断ができないままである。

それは一体なぜなのか。私は大きく二つの理由があると考えている。一つは日本が戦後にインストールした強い依存感覚が働いていること、もう一つは「未来の他者」に対する想像力が欠如しているということである。順を追って議論を進めよう。

戦後の日本社会は、一貫して大切なことを自分たちで決めることなく、アメリカに決断を委ねる形でやり過ごしてきた。私はこれを〝ウルトラマン感覚〟と半ば冗談を交えながら呼んでいる。戦後日本は危機的な状況に陥った時に、常に外から自分たちのことを助けてくれる誰かを待ち続けてきたのだ。

「ウルトラマン」の基本的なストーリーについて、ここでは詳述はしないが、一点だけ確認しておきたい。それは、なぜ異星人であるウルトラマンが地球人を助けることになったのかということだ。この疑問に対する答えは、「ウルトラマン」の第一話で示されている。

科学特捜隊のハヤタ隊員は日本上空をパトロールする中、怪獣を追って地球までやって来たウルトラマンの乗った赤い球体と衝突し、命を落とす。一方、ハヤタ隊員を死に追いやったウルトラマンは、悔恨の念から、二人で命を共有し一心同体として生きることを提案し、変身用のベーターカプセルをハヤタ隊員に渡す。地球が危機に陥った時、ハヤタ隊員はこれを使って、ウルトラマンに変身し、地球の危機のために戦うことができる――そうした設定が用意された。

簡単に言ってしまえば、ウルトラマンが地球を助けることになったのは偶発的な理由からである。もしウルトラマンが別の異星人と衝突していれば、その星を守るために戦っていたともいえるだろう。「ウルトラマン」の番組制作者たちは、自分たち日本人を助けてくれる救世主を強く求めていたけれども、そこに十分納得できる説明を見いだすことはできず、偶発的な理由をこしらえるしかなかったのだ。

私はここに戦後の日本社会が極端なまでにアメリカに依存してきた、ある種の集合的無意識が投影されていると考えている。つまり、自分たちは「アメリカ」という名のウルトラマンを求めているものの、アメリカが自分たちを助けてくれるのは偶発的な理由であって、そこに必然性を感じることができないということだ。そこには助けを求める心理と不安が同時に存在している。

戦後の日本社会には、自ら大きな決断を下さず、不安を抱えながら常に救世主の助けを待ち望む無意識が強く働いていた。だから、福島原発事故という未曽有の事態が起きた後も、私たちは原発に対する明確な判断を下すことができず、原発と共存する道を歩み続けている。

資源の乏しい日本において、原発はエネルギー問題を解決する救世主として信じられてきた。しかし、そこには原発事故が起きるかもしれないという不安も同時に存在している。

日本が原発を受け入れ、今なお共存している理由は、さまざまな側面から指摘できるだろうが、世界宗教と日本という関係からも論じることができるのではないだろうか。多くの国が、キリスト教やイスラム教といった世界宗教の伝統や、あるいはその残存物の影響を受けながら近代化を遂げていった。中国でも、儒教にある「天」という一神教の神に近い教えが長く重んじられてきたが、その精神は中華民国、そして共産党が統治する新中国になっても、社会や人々の行動様式の中に変わらずに見て取ることができる。しかし、日本は世界宗教的なものの洗礼をほとんど受けずに、近代文明に速やかに突入した例外的な社会である。

今、多くの近代国家において、宗教性が希薄化し、無宗教を自称する人が増えているのは確かだ。ただし、これは決して彼らの行動が宗教から影響を受けていないことを意味するわけではない。意識のレベルでは、宗教から自由なつもりでも、意識のレベルに宗教は無意識の影響を与える。時には、宗教を否定するという形を通して、自由と責任を主体的に引き受ける場合もあるのだ。

キリスト教を例に考えてみよう。キリスト教における重要な教義の一つに、救世主たるイエス・キリストが自らの死をもって人類の罪を贖《あがな》ったというものがある。この物語には、単に人々がキリストから救われたというだけでなく、これまで神が肩代わりしていたものを、これからは人々が主体的に背負って生きていくというメッセージも込められていると解釈することもできる。もし初めから神が存在しなければ、何かを引き受けることにもならなかっただろう。一度、神へのコミットがあり、それが否定された時に、自由や責任を引き受けて生きるという主体性が立ち上がってくるのだ。

信仰には、外からの力を媒介することで人々が真の力を得るというメカニズムがある。多くの人が宗教と聞くと単なる迷信のように受け止めるかもしれないが、普遍宗教と言われるものの中には、必ずしも科学とも矛盾しない、時には科学のそれを超える合理的な核のようなものがある。教義そのものではなく、教義を成り立たせている前提や態度の中に、そうした核は宿っている。信仰には、ただの認識とは異なって、人を世界に主体的にかかわらせる力があるので、宗教から教訓を得ることは、現代においてますます重要になるのではないかと考えている。日本が未曽有の事故に直面しながらも重要な決断を下せない理由の一つに、こうした世界宗教の洗礼を受けていないことがあるのではないかと考えている。

それに代わって日本を支配してきたもの、それは〝空気信仰〟ではないだろうか。〝空気〟は日本だけでなく、どのような集団にも存在しているものだが、他の国では〝空気〟に対する抵抗装置として宗教がその役割を果たしていた。日本は歴史上、他の国から侵略されることがなかったことも〝空気信仰〟がこの国を支配してきたことと関係しているだろう。事態が刻一刻と変化する有事には、盲目的に〝空気〟に従っていては自身の命を失いかねない。こうした経験が日本には少なく、その結果、日本列島という比較的大きなスケールで〝空気〟を展開することができた。

こうした〝空気信仰〟を象徴するエピソードが、二〇二三年一月に公開されたＢＢＣ東京特派員の手記に綴られている。

それは、十年以上にわたって日本に暮らした特派員が、ある限界集落を訪れ、村の未来を考える集まりに参加した時のことだった。集落の全住民は六十人で、そのうち十代はわずか一人。集落は確実に消滅へ向かっており、参加した高齢男性らはそうした現状を深く憂いていた。

一方、イギリスから来たその特派員にとって、その集落は非常に魅力的な場所と映っていた。そこには豊かで美しい自然環境があり、しかも東京まで車で二時間弱という立地条件もあった。

彼はそのことを住民に伝え、「私が家族を連れてここに住んだら、どう思いますか」と住民らに尋ねた。すると、住民らは一様にばつの悪そうな表情を浮かべ、一人の住民からは次の答えが返ってきた。「それには、私たちの暮らし方を学んでもらわないと。簡単なことじゃない」（ルーパート・ウィングフィールド＝ヘイズ「日本は未来だった、しかし今では過去にとらわれている　ＢＢＣ東京特派員が振り返る」）。

集落が消滅するというような危機的状況にあっても、住民らは集落の存続よりも、自分たちが築いてきた〝空気〟を、よそ者に乱されないことを優先に考えている。まさに〝空気信仰〟が日本人の精神に伝統的に根付いていることを象徴するエピソードだ。集団が危機的な状況に陥ってもなお、〝空気〟を破ることが難しい——こうした〝空気信仰〟が、福島原発事故後の原発政策においても深く影響を及ぼしている。

アメリカとの原子力協定をもとに始まった原発は、福島原発事故によってエネルギー問題を解決する救世主ではなかったことが明らかになった。それに気付くことで、私はアメリカへの依存心や〝空気信仰〟から解放され、自由や責任を引き受けて生きるという主体性が日本社会にも生まれることを期待していた。しかし、残念ながら、現実はそのようにはならなかった。

「未来の他者」への眼差し

日本がいまも原子力政策を巡る大きな決断を下せないもう一つの理由、「未来の他者」に対する想像力が欠如していると述べた点についても論じてみたい。

近年、地球温暖化による気候変動も相まって、巨大台風や豪雨等による気象災害はカオスの様相を呈している。日本では四季の巡りというサイクルは失われつつあり、異常気象を形容する「数十年に一度」といった類いの言葉はもはや毎年のように耳にする。

カオスの性質の一つに、ほぼ同じ初期条件でありながら、全く異なる現象が結果として生まれるという予測不可能性がある。災害がカオス化するとは、異常気象の原因を高い精度で解明できても、全く予想のできない結果が生まれてしまうことだ。私たちは今、こうした意味での混沌《こんとん》（カオス）の時代を生きている。

そうした中、エネルギー政策や気候変動対策など、次世代の人々にも影響を与える大きな選択をする際には、自らの人生の時間を超えた時代感覚を持つことが極めて重要だと考える。自分が亡くなった後の世界を生きる人々――それは「未来の他者」である。しかし、日本人は「未来の他者」に対する想像力や感受性が極端に乏しい。これが先述の救世主への依存心と相互に影響し合い、重要な決断を下せない戦後日本人の意識の土壌をつくってきた。

未来の他者への想像力を持てるかどうかは、民主主義を機能させていくうえでも重要だ。

なぜなら、現在を生きる私たちが民主化されたプロセスで国家の重要な意思決定をなしたとしても、その影響は将来世代にも及ぶからだ。未来の他者への眼差しを欠いたままでは、原理的には民主主義は部分的にしか機能していないことになるのだ。

とりわけ、原発問題や気候変動問題といった、自国だけでなく、世界中に影響を及ぼすような政策については、未来の他者への眼差しが一層重要となってくる。気候変動に伴う異常気象はすでに多くの人が身近に感じているかもしれない。しかし、実際に海抜数メートルの島々が温暖化による海面上昇で水没する深刻な被害が生じるのは二十一世紀の終盤とされている。その頃には、いま存在する人の多くはこの世界にいないだろう。しかし、だからこそ、私たちは未来の他者たちへの想像力を働かせなければならないのだ。

ところが、日本人は他の先進国の人々と比較すると、環境問題や気候変動問題に対する関心が低いことを示すデータがいくつも出ている。この事実は端的に日本人が未来の他者に対する想像力に欠けていることを示すものと私は考えている。

福島第一原発が立地する双葉町で、かつて町長を務めた岩本忠夫氏を巡るエピソードは、「未来の他者」について考えるうえで興味深いものだ。

岩本は一九二八年に双葉町で生まれ、五八年に社会党に入党。反原発を鮮明に打ち出し、町議会議員を経て、七一年に県議会議員に当選してからは、県議会で原発の安全性について鋭く追及を続けた。原発の町として繁栄した双葉町にあって、岩本は反原発運動のリーダーとして仲間から人望を集めた。

転機が訪れたのは八五年のこと。同町の汚職事件が発覚し、これをきっかけに、原発の誘致から長年にわたって町長を務めた田中清太郎が辞職し、町長選挙が行われることになった。この時、町民が強く求めたのは、金権政治から脱却したクリーンな政治だった。そして、それを満たす人物として町民から支持されたのが岩本であった。岩本は前町長派の候補との一騎打ちを制し、原発の町、双葉町の町長となった。

しかし、当時、双葉町の財政状況は悪化の一途をたどっていた。「東北のチベット」とも呼ばれた福島県浜通りにある双葉町は、農業が主たる産業であり、地元に働き口を見つけることは難しく、若い人々は町を離れ、県内の他の町や首都圏へ出ていった。この地を強く愛する岩本は、そんな様子を悶々《もんもん》とした思いで目にしていた。

その中、岩本は九一年、双葉町に原発二基を増設誘致するという苦渋の決断を下した。原発が増設されれば、国から交付金が支給され、地元にも雇用が生まれる。かつて反原発運動をともにした仲間からは「金に目がくらんだ転向者」との批判を受けたが、岩本は今と未来の双葉町に生きる人々のことを考え、原発増設を選択した。その一方で、事故があった場合に備え、避難用の道路整備も県に要望した。

原発二基の増設は結果として実現されることはなかったが、福島原発事故が示した状況から察すれば、岩本の決断は間違っていたことは明らかだ。しかし、私は岩本の〝失敗の仕方〟に注目したい。彼が衰退する町を見つめ、熟慮に熟慮を重ね、原発増設という決断を下した、その奥に「未来の他者」に対する責任を感じるからだ。

取り返すことのできない「失敗」が起きる中、当事者がどのような態度でその決断を下したのかは、深く見つめられるべきだ。さまざまなリスクを考慮したうえで、それでもなお未来を考えた決断だったのか。あるいは自らの利害だけを考えた決断だったのか、問われる必要があるだろう。前者であれば、私たちは過ちを認めたうえで、そこから先人たちの思いを引き継ぎ、未来を指向しようとするのではないか。しかし、それが後者であれば、利己主義な姿勢が引き継がれることになるだろう。結果として、岩本の決断はまだ「未来の他者」への配慮が不足していたと判断せざるをえないが、それでも、「未来の他者」を思ったうえでの失敗であるならば、現在の私たちはその失敗から学ぶことができるのだ。

岩本は二〇一一年七月、避難先の福島市で亡くなった。最期の瞬間を迎える中、岩本の胸中にはどのような思いが巡っていたのだろうか。岩本が感じただろう後悔に強く共感すれば、私たちは、二度とそのような後悔をしないような行動を自然ととるようになるだろう。

「我々の死者」をいかに取り戻すか

原子力政策や気候変動対策を考える際、未来の他者への視点は不可欠である。しかし、戦後を生きる日本人の多くには未来の他者に対する想像力が欠如している。それでは、私たちはどうすれば未来の他者への視点を獲得することができるのだろうか。ここで大切になるのは、すでにいなくなった「過去の他者」への眼差しである。

過去の他者はすでに存在しないものの、かつては確実に存在していた。一方、未来の他者はまだ現れておらず、この世界に出現するかどうかも定かではない。したがって未来の他者への視点を獲得することは、過去の他者よりもはるかに困難である。しかし、過去の他者に応えられないうちは、私たちは未来の他者を迎えることもできない。

ナショナリズム研究の古典『想像の共同体』を著したベネディクト・アンダーソンは、同著の中で、国民やナショナリズムがいかに近代的な現象であるかを論じている。そして、それらが近代以前にはなかったことを示すために、同著の冒頭で「無名戦士の墓と碑」について言及する。

誰が眠っているか分からない墓や碑には、その匿名性ゆえに、人々から公共的で儀礼的な敬意が払われる。そうした事実は、同じ国家という共同体に属する私たちの生が彼らの死のうえに成り立っていることを端的に示している。つまり、国民という共同体に対する帰属意識は、「我々の死者」を持つことで可能になるのだ。「我々の死者」とは、現在の私たちがこうして存在できていると思うことができる「過去の他者」のことである。

私は、戦後を生きる日本人が未来の他者への視点を欠く最大の理由は、こうした「我々の死者」を失ってしまったからだと考えている。我々の死者への想像を失ったからこそ、未来の他者に対する想像力を持つことができないのだ。未来をどのように展望するかは、過去をどう認識するかということと密接につながっている。

では、日本人はいつ「我々の死者」を失ったのか。それはあの太平洋戦争に敗れた時ではないだろうか。戦後の日本人は敗戦を通じ、自らが信じてきたことの過ちに気付いた。そして、戦前の死者たちの願望や希望を、私たちは打ち捨てなければならないと知った。

一方、私たちは、戦前の日本の死者たちを、「我々の死者」として救い出すことから始めなければならない。しかし、それは戦前の日本の死者たちが固く信じていた思想や体制を引き継ぐことでもなければ、英霊として祀《まつ》ることとも違う。ここでのキーワードは二つの謝罪だ。

私たちがこうして生きていられるのは、「過去の他者」のおかげでもある。しかし、同時に、私たちは彼らがそのために命を捧げた大義をきっぱりと否定しなければならない。崇高な目的のために命を失ったと信じた日本の死者たちに、私たちはその死は無意味だったと突きつけなければならない。これほど死者に申し訳ない思いはないだろう。だからこそ、私たちは謝罪の意味を込めて、戦前の日本の死者たちを哀悼するのだ。この謝罪（哀悼）の意識によって、私たちは「過去の他者」とのつながりと断絶を同時に引き受けることになる。

第二の謝罪は、戦争で日本軍の犠牲となったアジアの死者たちへの哀悼だ。この第二の謝罪が受け入れられ、赦《ゆる》しが得られた時、私たちは日本の死者たちとのつながりを完全に断つ＝日本の死者の願望を完全に棄却することになる。

つまり、「我々の死者」の回復は、そのまま「我々の死者」を棄却するという二律背反の構造となっている。この非常に困難な状況があるからこそ、戦後の日本人の「未来の他者」に対する想像力の欠如もまた深刻なものになっている。

我々の死者を取り戻したいという潜在的な意識は、一九八〇年代以降に発表された小説や漫画などの作品にも見て取ることができる。安彦良和の『虹色のトロツキー』は、その象徴ともいえる。

この作品は、一九三九年に満州国とモンゴルの国境を巡って起きたノモンハン事件を題材としている。物語の中心にある「トロツキー計画」を別にすると、史実にかなり忠実に描かれ、物語における重要な登場人物の半数以上が実在する人物で、専門家からの評価も高い。しかしながら、主人公のウムボルトだけは史実に基づかない、フィクションの存在である。

ウムボルトは父が日本人、母がモンゴル人の混血の青年であり、ノモンハン事件では、関東軍ではなく、興安軍（満州国内のモンゴル人によって構成された部隊）に所属する者として、ソ連・モンゴル国の連合軍と戦っているという意識を強く持っていた。また、関東軍のやり方に強く反発していたウムボルトは、何もない草原で国境を巡って争うノモンハン事件の意味のなさや「五族共和」の欺瞞《ぎまん》も自覚していた。

主人公は血統的にも、精神的にも純粋な日本人ではない――『虹色のトロツキー』は、史実を忠実に追いつつも、ノモンハン事件において、日本人を主人公とすることは不可能であることを示している。したがって、ウムボルトこそ私たち日本人の父祖《ふそ》たちの真の姿であり、彼を「我々の死者」として見るとするならば、それは大きな欺瞞である。彼に「我々の死者」を見いだそうとすると、そこには深刻なズレが生じてしまうだろう。私たちの祖先はウムボルトになり得なかった、そう読むことが、この作品から得られる教訓である。

戦後の日本人の弱点がまさにここにある。「我々の死者」を持つことができないから、私たちは自らのアイデンティティーは不確かなまま、倫理的基準を持つことさえできずにいるのだ。歴史と現在との間に断絶を抱えるがゆえに、未来の他者をうまく思い描くことができず、自身の人生を超えて影響し得るような大きな決断を下すことができないのだ。

今、巷間《こうかん》では「転生もの」と呼ばれるアニメや漫画が数多く制作されている。「転生もの」

は、主人公が何らかのきっかけで現実の世界から別の世界へ転生するか、あるいは生まれ変わるなどして異なる何かに変身し、物語がスタートする構造を持つ。そこには現実の世界に対する無力感が反映されている。私たちが想像力を必要とするのは、現実から逃避するためではなく、それを媒介して真実に肉薄していくためである。普段自分たちが隠している願望や抑圧されている欲望、問題の所在を認識するために、想像力を働かせねばならない。「我々の死者」を取り戻すことがとりわけ困難な戦後日本にあって、こうした意味での想像力を働かせていくことが欠かせない。その努力なくして、「未来の他者」を思いやることは到底できないのだ。

災害コミュニズムから見る一片の希望

災害という側面から見る時、日本は多くのリスクを抱えた国であることは間違いない。〝揺れる島〟と形容できるほどに地震多発国であり、さらに気候変動による異常気象も重なっている。リスクを抱えた社会において、何も選択しない——あるいは現状維持を消極的に選択する——ことは、最も危険な道を歩むことにつながりかねない。

しかし、福島原発事故後も、日本社会は原子力政策に対し、脱原発という決断を下すことなく、新規制基準のもと、安全性を最大限確保しつつ再稼働を進めている。しかし、原理的には、原発はそれが一基であれ、事故を起こせば巨大な被害を引き起こすリスクを抱えている。中庸《ちゅうよう》的な選択は、このリスクを前にすると、ほとんど無効化されてしまう。こうした原発のリスクを抱えて生きることを選択するのか、脱原発を進めるのか。未来の他者たちは、私たちがどのような価値観や態度に基づいて判断を下したのかという一連のプロセスをじっと見守っている。

混沌の度合いを増す社会であっても、人はその中から希望を見いだすことができる。東日本大震災が発生した当初、先の見えない状況の中でも、秩序を守り、互いに助け合う被災者の姿を世界は称賛した。被災者の間で相互扶助の特別な共同体が一時的に立ち上がるこうした現象は「災害ユートピア」と呼ばれるが、震災には、普段は経験することのない人間の利他的な一面を引き出す働きがある。

こうした利他的な本性を人間が持っているのならば、それが常態化した新しいタイプの社会を構想することは、決して突拍子のないことではない。震災やパンデミック、異常気象といったリスクにさらされる中、利他の精神に基づいた「災害コミュニズム」とも呼べる共同社会が生まれる可能性について私は期待している。

ここで言うコミュニズムとは、かつてのソ連のような社会をつくるという話ではない。私があえてこの言葉を用いるのは、資本主義における最も重要な概念の一つである「私的所有」を問い直したいからだ。私的所有の拡大は、個人間の経済的格差を助長する。しかし、社会には本来、誰のものでもない、みんなで共有されるべき「コモンズ」が多く存在する。私的所有を問い直すとは、その全廃を求めることではなく、コモンズとの線引きの見極めを行うことである。

例えば、近年急速に発展を遂げている生成ＡＩは、インターネット上にあるさまざまな情報を大量に参照し、それらをもとに学習しているからである。また生成ＡＩのベースになっている技術や知も――考えてみればインターネットそのものが――、誰か特定の個人や企業によって作られたものではない。だから生成ＡＩを、いずれかの個人や私企業の所有物とするのは明らかにおかしい。生成ＡＩは、私たち皆の、要するに人類の集合的な知性の産物であって、それゆえ、最大のコモンズ、つまり人類そのものに帰属するコモンズとして扱わなくてはならない。

かつて日本を含む先進国は、開発途上国の人件費を安く買いたたくことで自国の経済発展を確保してきた。ところが、近年、その人件費が高騰し、外部化されていた搾取《さくしゅ》が自国へと逆輸入され、国内の経済格差を悪化する事態を生んでいる。日本では非正規労働者や一部の外国人労働者がその搾取の対象とされた。こうした現状をデータで示したのが、ブランコ・ミラノヴィッチの「エレファントカーブ」である。このグラフが意味していることは、この数十年で、グローバルサウスの人たちと先進国の一部の超大金持ちの所得が伸び、先進国の中産階級の所得はほとんど伸びていない、ということである。つまり現行のグローバル資本主義の構造を維持したままだと、「先進国」の経済成長は、仮に実現できたとしても、常に格差のさらなる拡大をともなう、ということである。果たして、「未来の他者」たちにこの負担を強いてもよいのだろうか。災害コミュニズムという視点に立って、コモンズをベースに資本主義を是正していく作業の必要性がまさにここに存在する。

混乱と無秩序に覆われた世界で、しかも「我々の死者」を失った日本が、何世紀も先にまたがる未来を展望することは難しい。その中でも、真実へ肉薄する想像力を働かせ、「我々の死者」を悼《いた》むことができれば、そこから「未来の他者」とともに生きる道が必ず浮かび上がってくる。そこで下された決断を後から振り返った時には、正しいものもあれば、誤っているものもあるだろう。しかし、そこでの決断が、現在の私たちの利害を最大化するためでなく、「未来の他者」をも視野に入れて下されたものであるのなら、結果はどうであれ、その判断に込められた思いは未来へと受け継がれていく。この一連のプロセスにおいて、結果的に、「我々の死者」は「未来の他者」と接合されることとなるだろう。私はそこに一片の希望を見る思いがするのだ。

主要参考文献

大澤真幸（二〇二四）『我々の死者と未来の他者　戦後日本人が失ったもの』集英社

第Ⅲ章　文化

めぐりと恵みの思想
―福島県浜通りの震災後の漁業をめぐって―

民俗学者　川島秀一

はじめに

昨年（二〇二三年）の大晦日《おおみそか》、福島県新地町《しんちまち》の漁港で、漁船の正月を迎える行事を拝見した。ある漁師さんの船では、操舵室《そうだ》の外の前面に、サンゴウサカナと称して、三角に折った半紙の上に、カツオ節の削りかけとサイコロ状に切った幾つものダイコンに、塩が添えられたものが二つ祀《まつ》られた。船の神様（フナダマさま）に上げたものだが、その後、漁師さんは、ヒラメなど食べ残した魚類を入れたバケツを、海に「戻してくる」と語ったので、私はそのまま船に乗って、新地港から少し沖へ向かって出たところまで一緒に行った。そこで漁師は右舷からバケツの魚を海に撒《ま》けた。

さらに、そのときに「機械のションベン（小便）をするから少し待ってくれ」と言われ、漁師さんは機関場のビルジポンプのボタンを押しにいった。ビルジポンプとは船底に溜まった海水を汲み上げて船外に排出する水中ポンプのことであり、船底に溜まる淦《あか》には機械の油も含まれることもあるために、原則的にはドック（港湾）内での排出は禁じられている。しかし、淦は「海水」のことでもあるので、漁師さんたちは、この名目で流しているのである。実際に最近の船船の淦には、油が混じることはほとんどない。このときは、「正月二日の〈出初め〉の練習だ」と言って、「出初め」のときと同様に左回りに三回、船を回しながら「機械のションベン」を終えた。大晦日に淦を流すことも船の正月を迎える心持ちなのだろうと推測された次第である。

年越しの日の夕方に、フナダマさまに供える行事だけでなく、偶然に船に乗り合わせて見た行為は、魚の食べ残しを「海に戻す」ということと、途を「海に流す」という、二つの意味付けがされている行為であったと思われる。「戻す」とは、あくまで循環の思想であり、「流す」は一方的なベクトルしか感じられない思想である。漁師さんのなかにも、海に対して、この「戻す」と「流す」の二つの側面が生きていることを知り得た日であった。

本稿では、この「戻す」という循環の思想を通して、福島県の漁業の復興の状況、とくに二〇二三年に実施された、東日本大震災による福島第一原発の事故後に溜まり続けた「トリチウム水」と称される「汚染処理水」の海洋放出をめぐる諸問題を相対化したいと思っている。

海に「戻す」ということ

季節がめぐり来るように、海のなかにもめぐるものがある。まず海の潮は、日ごと、月ごと、年ごとに、少しずつ違えて繰り返される。その潮に合わせて船を繰り出す漁師たちにとって、旧暦のカレンダーは欠かせない。

二〇一八年から、福島県の浜通りの北端、新地町に住み始め、漁師さんと共に暮らしながら、その言葉一つ一つに、考えさせられることが多かった。新地町の漁師、小野春雄さん（昭和二十七年生まれ）は、家で食べた後の魚の骨や貝殻を、わざわざ海のそばまで行って投げ入れてくる。このことを「海に投げる」とは言わずに、「海に戻す」と言っている。刺し網漁で、市場に出さない生物や傷んだ魚を海に投じることも「戻す」と呼んでいる。春雄さんによると、それが魚の餌になるからだと語っていたが、いずれにせよ海からいただいたものは、人間が授かったものの残りであろうと、海に返すという考え方である。[注1]

一方で、人間が魚を授かっているにもかかわらず、そのまま放置することへの禁忌《きんき》もある。たとえば、全国のカツオ一本釣り船を主に、その他の漁でも、船に揚げたカツオや魚が人の目が届かぬところに隠れてしまい、そのまま船上で腐れてしまうことを「ネセヨウ（寝せ魚）」などと呼んで嫌っている。魚が放置されていると不漁になると言い伝えられ、不漁が続く船は、船内の掃除をしながら点検することを、今でも行っている。筆者による、幾つかの聞き書きの採集事例を列挙しておきたい。

①船に放置されている魚のことを「ネセヨウ（寝せ魚）」と呼び、海に戻すときに、ずたずたに切って流した（岩手県大槌町《おおつちちょう》安渡《あんど》の岩崎博さん〔昭和三年生まれ〕より聞書）

②このような魚をネセヨウと呼んで、その魚に包丁を刺して、海に投げるときに「トゥ！オエビス」と語るという（宮城県気仙沼市《けせんぬまし》小々汐《こごしお》の尾形栄七さん〔明治四十一年生まれ〕より聞書）

③不漁が続くと、「ネガトないか見てみ！」と言われた。船内にネガト（寝ガツオ）があるときは、ナブラ（カツオの群れ）をつかんでも食いが悪いと言われ、そのカツオを見つけてから、頭をちぎって海に放り、その場所に塩をかけて清め、お神酒《みき》をついで「ツイヨ！」と言って清めた（三重県尾鷲市《おわせし》古江《ふるえ》の大川文左衛門さん〔昭和五年生まれ〕より聞書）

④船上で魚を人目につかないところで腐らせ、水揚げしないでいるその魚のことをネセヨウ（ネヨウ）と言って船では嫌い、それがあると不漁になると言われている。見つけた魚を海に戻すときは必ず、はらわたを手でちぎり、「また来てよ！」とか、「大きくなって来い！」とか、「カツオになって来てください！」とか語りながら戻した。腐った魚を見つけた場所は、タワシで磨いて洗ってから、最後は塩をふりかけ、お神酒を上げて清めた（和歌山県新宮市《しんぐうし》三輪崎《みわさき》の西村治男さん〔昭和六年生まれ〕より聞書）

⑤ネウオは、包丁に塩をかけてから刻み、海に「あます」。必ず「あます」と呼び、「捨てる」とは言わない。オカ（陸）で、祭りなど神様ごとに関わった物を手放すときにも「あます」と呼ぶ（高知県中土佐町久礼《くれ》の青井安良さん［昭和二十一年生まれ］より聞書）

⑥船の上に置き忘れて、腐れかけた魚のことをシキウオと言った。このシキウオは、包丁でていねいに傷つけて海に戻した。手を入れて戻すことで、「いただきました」という意味があったという（宮崎県日南市南郷町外浦《とのうら》の贄田《にえだ》太一郎さん［昭和五年生まれ］より聞書）

⑦カツオ漁が不漁になると、村のカミンチュ（巫女《みこ》）に占いをたててもらいにいった。すると、カミンチュは、「水揚げをしないで置き忘れたカツオが一匹、船にあるために漁がないのだ」と語った。「神様がカツオを上げたのに、陸揚げしなかった」ことが不漁になった理由だという（沖縄県の座間味島《ざまみじま》の宮平勇作さん［大正三年生まれ］より聞書）

①は岩手県、②は宮城県、③は三重県、④は和歌山県、⑤は高知県、⑥は宮崎県、⑦は沖縄県の漁師からの伝承である。陸にも揚げられず船上に置かれているままになっている魚は、そのままにしていると不漁になると言われたので、海に投じるときには、必ず包丁を入れた

り、手でちぎってから海に「戻す」（「あます」）という慣行である。魚を人間に授けてくれた〈神〉に対して、「魚をいただきました」という模擬儀礼を行うことで、再度の大漁を願うわけであった。人の口に一度も入らない魚を放置しておくことが許されないことでもあったからである。

ここには、海を介した贈答の慣例に近いものがうかがわれる。海に対して感謝の気持ちを行為で表すことによって、次の漁の恵みを得られるからである。つまり、海とオカ（陸）との、めぐり回る関係が生きている。魚の食べ残しを「海に戻す」という言葉にも、それはオカの人間がいらないものとして称する「生ゴミ」とは、まったく意味するものが違うのである。

先祖が遺族のもとに戻ってくる盆行事を終えたホトケ送りの日に、海に出て盆船を流して手を合わせる各地の行事が多いのも、海を介して再び来年の盆に戻ってきてもらいたいためである。ここにも、海を介した循環の論理が見られる。

ところが、トリチウムの汚染処理水の海洋放出（「投棄」が正しい）は、オカに居る人間が不必要なものを、一方的に流すだけで、そこには、漁師が海との生活から学んでいる循環の思想が皆無である。

海から授けられる平等性

新地町の小野春雄さんによると、刺し網に思わぬ珍しい魚がかかった場合、それを「回りもの」と呼んでいる。沿岸で常時、かかるものではなく、個数が少ないために高価なホシガレイや、値が上がる冬期のアンコウやトラフグのことを指すことが多い。この言葉にも漁運を授かったという意味が表されている。

大漁に近い漁が続くことも「回りが良い」などと語り、不漁のときに酒宴などを開くことを「マワリナオシ」や「マンナオシ」と言うことも全国的に伝えられている。漁師にとって、絶えず動いて回っていることが、結果的に価値をもたらすことなのである。

そのマワリを左右しているのも、海という自然そのものである。たとえば、昨年に漁があった魚が今年は少ないということが多々あるが、それを補うように、他の魚種が昨年より大漁することがあり、結局は、総額が同じくらいの漁獲額になることがある。魚種によって回りを繰り返しているからである。海のこの采配力に対して、春雄さんは「海は、だから素晴らしい」と語っている。

写真1　ユイコによるシラウオの選別（2022.3.2）

また、新地のシラウオ漁は、毎年二月から四月の早春にかけて操業されるが、漁場が狭く、そのために漁船が競合し、毎回、船によって大漁と不漁との当たりはずれに大きな差ができる漁である。しかし、必ず三カ月間の漁期のあいだ、大漁をする船は順番に回り、漁期が終わるころには、だいたい同じくらいの漁獲量を挙げることになるという。

ユイコと呼ばれ、大漁をした船の、形のよく売りに出すシラウオの選別を手助けにきていた人びとが、頭を寄せ、手を動かしながら、「今度はあの船が当たりそうだ」などと噂《うわさ》している（写真1）。このような、海から与えられる平等性も、海の持つ素晴らしさの一つであろう。

この新地町の埒浜《らちはま》では、昭和四十二年（一九六七

写真2　寄りボッキを拾う（2024.1.25）

年）八月七日の午前十時ごろ、体長五メートルくらいのマッコウクジラが波に乗って川口へ上がってきた。死んでしまったので、地区で処分してよいということになり、鯨を解体して地区の全戸に平等に配分したという。注2

また新地では、今でも、雪どけ時分の二月ごろに、ホッキ貝（ウバガイ）が真水と混じった海の表層で産卵するために、風波の強いときには、新地の浜辺に、ころころと転がって寄り上がるときがある。これは「寄りボッキ」と呼ばれ、共同漁業権のある者は、幾らでも拾ってよいことになっている。二〇二四年一月二十五日に釣師浜《つるしはま》に上がった寄りボッキのときは、低気圧のために一週間近く漁に出られなかったときだけに、小野春雄さんは「神様からの恵みだ」

と語っていた（写真2）。

この浜に上がる「寄りもの」全般に対する平等性も、全国的に伝えられている。おそらくこの慣習も人間の側から作られたのではなく、海から平等の必要性を教えられたものだったのではないだろうか。

試験操業とユイコ

この寄りものをめぐる「平等性」は、先にシラウオの大漁が船ごとに順番に回る例を挙げたように、平等に恵みの時間を与えられることにもつながっている。ユイコと呼ばれる助け合いの精神も、海から与えられる平等性から生まれたものと思われる。

今でも、港で自分の船の水揚げ作業や網直しの仕事を終えたときに、近辺の船がまだ同様の仕事を継続しているときには、すぐにも手助けに行く。双方の乗組員共に、「手伝ってくれ」とも「手伝うから」とも、あえて言葉にしないでも、自然に作業に加わってくる。仕事が遅れている船を遠くから見つけた漁師仲間が、一度脱いだカッパを着直して、参加する場合もある。

このようなユイコの慣習は、震災後の福島における漁業の根幹となった「試験操業」（二〇一二〜二一年）にも、柔軟に対応でき得る力となった。「試験操業」とは、震災時の東京電力福島第一原発の事故により、放射能に汚染された魚介類を検査するモニタリングを行い、その基礎情報を得るために、小規模な操業と販売により、出荷先での評価を調査する試みであった。要するに、一種の管理漁業であり、操業日数や操業場所、漁法までも決められたなかでの営みであった。

さらに、二〇二一年からは「拡大操業」という名称に変わり、その年の九月からは船ごとに日割りに計算して、震災前の一割の水揚げ額がない場合は、その日の営業補償（震災前の約八割）は得られないことに決められた（二〇二四年九月からは一割二分に増加）。この一割規制は、一見して難なく得られるようでいて、現実には負担が課せられている。サラリーマンと相違して、毎日、海に行けば、必ず魚が得られるというわけではない。自然相手の仕事であり、天候や運に左右される仕事であるからである。

とくに新地では、震災前の年間水揚げ額の半分は、コウナゴ・メロウド・シラスなどの

「曳《ひ》きもの」（曳き網漁）で支えられてきた。しかし、コウナゴは二〇一九年から姿を消し、メロウドは震災後からずっと水揚げを控えている。つまり、震災前に、これらの漁で収入を得ていた漁家は、該当する月は一割とはいえ他の月より高額で、別な魚種と漁法を選んで既定額を超さなければならない。昨今の海水温の上昇などで、海の様子や捕れる魚種も変化しているにもかかわらず、いまだに震災前の海の状況を基準にして、机上で計算した数字だけを漁業者に押しつけているのが、東京電力の福島原発事故がもたらした「拡大操業」の実態的な姿である。

この事態に対応するために漁師たちも工夫を怠らない。明日の漁も一割が保証されるかどうか分からないので、多めの漁獲量を得たときは、一度に魚市場に出さずに、各船の魚槽にストックして、魚が弱らないように管理しながら、毎回、小出しに競りにかけている。このような状態が続くことは、仲買にとっても新鮮な魚を扱えないし、消費者にもそれが届くことがなくなることである。さらに、毎回、ある程度の安定した魚が得られるように、漁法が固定式刺し網漁などの数種に集中し、ヒラメなどの同じ魚種が大量に水揚げされることになるから、結局は浜値も下がってくる。だいたい、日本の漁業を推進させてきた、イチかバチかを試みるような投機的な漁法が避けられ、その漁法自体が伝えられなくなる危惧が生じる。

しかし、このようなときにも、各船の一割を等しく達成させようとしているのもユイコであり、漁がなかった船には魚を分け与えたりしている。震災後の海中の瓦礫《がれき》撤去をはじめとして、「試験操業」や「拡大操業」にも、何とか対応し得たのは、この震災前から脈々と続いてきたユイコの慣習である。むしろ、非常時の漁業のありかたに次々と向き合うにつれて、ユイコの慣例は、いっそう堅固になってきたと言われている。福島の漁業の復興は、行政などの上からの施策や、ボランティアなどの横からの支援だけでなく、長らくその土地で培ってきた生活文化が、根底から支えていたからであった。

活魚を揚げるために

ところで、漁師さんたちの最終目標は、魚を多く捕るだけでなく、それを高く売ることにある。そのために、できるだけ「鮮魚」（死んだ魚）より「活魚」（生きている魚）として、市場に出荷できるようにする。同じ魚であっても、活魚のほうが、浜値が二割以上高くなり、と

写真3　氷を入れた魚槽にヒラメを活かす（2023.6.29）

きには倍額で取引されることがあるからである。
そのため船上の操業時から、活きた魚を数多く捕るために、ていねいな努力が積み重ねられている。刺し網からはずす段階から、鮮魚にするか活魚にするかが判断され、活きの良い魚は、素早くはずされ、酸素を流入している魚槽に入れられる。真夏にはさらに、あえて冷たい水に氷を買い入れておき、そこで活かされる（写真3）。ときには網の修繕を度外視して、高価なヒラメをはずすために、網を切ることさえする。

ヒラメやカレイなどを、できるだけ早く、はずさなくてはならない理由は、人間の手が加わることによって弱り、ときに市場に出したときに、白い腹に網の跡などが浮き出てきて、値が下がってしまうこ

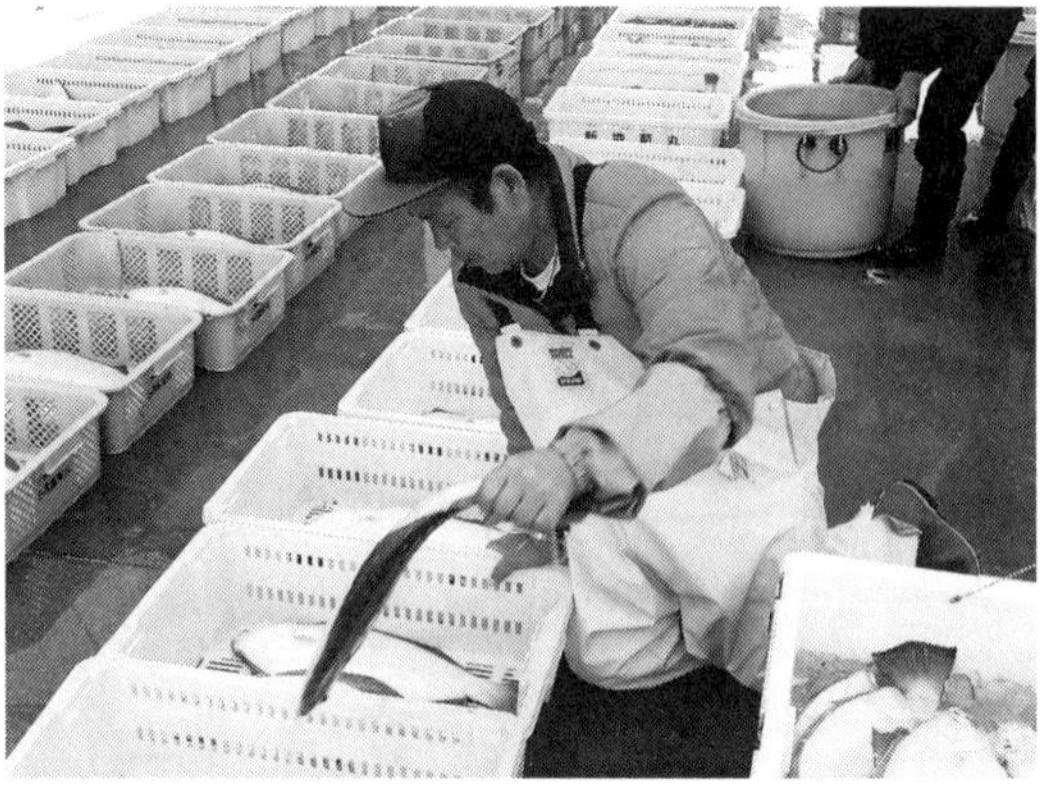

写真4　ヒラメを大きさの順に選別する（2019.5.9）

とがあるからである。また、水槽で腹を見せて泳ぐヒラメは弱りやすいので、そのようなヒラメを見つけたときは、絶えず背中が見えるように、漁師が棒などで、ひっくり返してあげる。

水揚げされてから市場に出されるあいだにも、競りのぎりぎりまで、売る魚の入ったポリタルに酸素を注入して管理する。競りで並べられるカゴも、魚の大きい順にきれいに並べられ、何度もカゴの並びを入れ替えながら整えられていく（写真4）。

このような毎日の努力の積み重ねによって漁業が成り立っているのだが、それは単に高価に売るというためだけでなく、結果的に消費者においしい魚を届けることにもつながっている。

海から寄り来るものを無駄にせず、とくに、それが魚などの命を持つ生物であった場合は、さらに、それを人間の命につなげていくこと、それこそが漁師の使命であり、漁師の職能者としてのプライドの源泉であったように思われる。つまり、漁師とは、魚の命から人間の命に生まれ変われるための仲介者であり引き継ぎ者でもあったわけである。

汚染された魚の歴史

しかし、今回のトリチウム汚染処理水の海洋投棄に関わる問題の一つに、投棄後の風評被害があった場合、売れなくなった魚を買い上げて冷凍保存しておくことを政府の補償方法の一つとして決めたことがある。二〇二三年の海洋投棄の後、現在まで目立った風評被害はない。しかし、現在も福島県の漁業においては、たとえば、クロソイなどは、二〇二一年に新地沖と南相馬市鹿島区沖で、放射性セシウムが検出され、二〇二二年には、相馬沖でセシウムが多いときで国の基準の十四倍にもなったことから、いまだに市場に売りに出せない魚である。昨今のトリチウム汚染処理水の海洋投棄の出来事が隠れ蓑《みの》になってしまっていて、このような現実は、なかなか報道されていない。

現代日本において、魚が汚染された歴史は繰り返されている。水俣病のときにも「汚染魚」と呼ばれる魚が現れたが、そのときはドラム缶三千本分に魚を入れ、水俣湾の埋め立てに利用された。ボラなどの生きている魚も死んだ魚と共に埋められたという。[注3]買い上げた魚を冷凍保存にするという補償とは、これと本質的に大きな違いがない魚に対する考え方である。

さらに前には、米国と「ソ連」の核兵器の開発競争が激化した冷戦時代の一九五四年三月一日、米国がビキニ環礁で行った水爆実験により、乗組員二十三名の焼津船籍の遠洋マグロ漁船の船員と捕ったマグロが、多量の放射性降下物（死の灰）を浴びた。いわゆる、この「第五福竜丸事件」では、同時に被ばくした船は千四百二十二隻に達した。

事件が一般に報道されると、すぐにも焼津では「放射能マグロ」による風評被害が発生した。第五福竜丸の被ばくにより、焼津や東京でも「汚染マグロ」が大量廃棄された。とくに三月十五日に築地市場にマグロやヨシキリザメが水揚げされた際には競《せ》りは中断され、行政の指示により流通する前に場内の地中に埋められた。このときに埋められたマグロを供養した「マグロ塚」が、「東京都立第五福竜丸展示館」の側に建てられているが、本来は築地市場に計画されていたものだったという（写真5）。

このような時期に、海上に投棄されたメバチマグロがあり、第五福竜丸の乗組員であった大石又七は、その著で次のように記録している。

放射能マグロというパニックの中で、正確な検査もないまま、三日三晩かけて黒潮の通る千葉県犬吠埼《いぬぼうさき》沖三〇〇マイル、水深五六〇〇メートルのところまで捨てに行かされた。マグロ寿司にして三〇〇万人分だ。同乗した記者は、二〇貫もある見事なメバチマグロが白い腹を見せながら二転三転して海中に沈んでゆくのを見ながら、ああ、息子を捨てるようなものだと漁師たちは嘆き悲しみ、えさのサンマを二箱まいて合掌したと伝えた。[注4]（傍線は筆者）

この引用文から読み取れることは、漁師たちにとって、魚を捨てることは「息子を捨てるようなものだ」と表現されていて、決して「〈金〉を捨てるようなものだ」とか「〈財布〉を捨てるようなものだ」とは思っていないことである。せいぜい「マグロ寿司にして三〇万人分」

として表現しているところが、魚が人の口に入ることを第一の使命とする漁師さんらしいところである。

福島にかぎらず、全国の漁師は、人の口に入る魚を捕ることを生きがいとしている。八十歳を過ぎた漁師が、人から魚を頼まれただけで海へ出かけにいくということも日常的である。魚を食べもせず、凍結したままにしておくことは、先に述べた「ネセヨウ」と同様に、海からいただいたものに対する尊敬の念のない仕業であり、漁師のプライドを、極端にまで傷つけてしまっている。漁師にとって、魚は金に換算できる「水産資源」としてだけあるわけではない。どの漁師も、利用せずに冷凍保存するためだけに、魚を捕っているわけではないからである。

写真5　被ばくしたマグロを供養した「マグロ塚」

漁師の尊厳を守るために

はじめに触れたように、漁師でも塗を流すという「流す」文化がある。たとえば、福島県浜通りの、旧相馬中村藩領内では、とくに四十二歳の男性の「厄流し」が盛んで、旧鹿島町の南海老《みなみえび》では、次のような、海に流す行事を行っている。

「厄流し」にあわせて、船大工や器用な人に伝馬船の模型を造ってもらう。船名も帆に書くが、通例当人の名を使った○○丸などとする。この船には一番大きな「お護摩」（神札）を乗せ、これを夫婦で引きながら来客のまえでまわり、床の間に飾る。多くの人に飲んでもらい騒いでもらうと厄が落ちるといい、盛大に祝う。小船は仲間の一人が代表し、三つ目の波まで引いていって流す[注5]

しかし、この海に流すのは「厄」という、目に見えないものであり、それを乗せて流す小船も、自然物で作ったものであり、いわゆる「ゴミ」とは違うものである。

一方で、客船フェリーなどでは、客室に「ゴミの海洋投棄の禁止」という表示物があり、「ゴミ（廃棄物）の海洋への投棄は『海洋汚染及び海上災害の防止に関する法律』により厳しく規制されています。違反した場合、1千万円以下の罰金の対象となりますのでご注意ください」とある。

今回の福島の海における、トリチウム汚染処理水の海洋投棄では、人間にとって科学的に安全な「廃棄物」であることを、流す側では主張しているが、もし他の廃棄物も人間にとって安全であれば、それはゴミではなく、海洋に投棄してもよいことになるのではないだろうか。

今回の問題は、汚染処理水が人間という生物にとってのみ科学的に安全であるかないかというような、「科学的」という言葉のみで論じられる表面的な問題ではない。また、経済的な問題でもなく、ましてや法律的な問題でもない。幾ら科学的な、あるいは論理的な言葉に贅《ぜい》を尽くしたとしても、所詮《しょせん》は四囲を海に囲まれた日本人の、問題は「水に流す」ということで収めるような原初的な思考や感情に基づいた、「海」に対する甘えである。[注6]

一方で、福島の漁師さんにとっては、精神生活や生活感情に関わるものだった。つまり、海を自分たちの存在自体を支えるもの、すべての「良きもの」の源泉と見なしているのである。それは、漁労生活を維持するためだけでなく、自分たちの尊厳を守るために、投棄に反対する必要があったわけである。

汚染処理水を流す側も、それに反対する側も、科学的な問題や、経済的や法律的な問題だけにとどめてしまうと、漁師にとっての「海」に対する豊饒《ほうじょう》なシンボリズムや、「海」こそが至上の価値であるという思いを議論から欠落させてしまうことになる。「漁師は感情的だから」ということだけで簡単に排除してしまっては、その背景にある、人間が海に対して長いあいだにわたって培ってきた価値を見失うことになるだろう。

福島県新地町の漁師、小野春雄さんは、「海の魚も人間も同じ生物である。魚は声を出すことができないので、われわれ漁師が魚のすむ豊かな海を守らなければならない」と語っている。それは、日頃からその魚の命を奪い、そのことを大切に扱ってきた漁師にだからこそ、逆に語ることができる言葉だと思う。

海は魚たちも含めた、一つの大きな生き物である。それは、大きく息を吸うように潮の上げ下げを繰り返している。ときに寝返りを打つように、海の傍らに住む人間に災いを与えることさえある。海と共に生きるということは、それほど矛盾に満ち、簡単なことではないが、今、実施されているトリチウム汚染処理水の海洋投棄という問題に対し、科学信仰や経済信仰、法律信仰だけでは、解決の糸口は、永遠に見つけることはできないだろう。「投棄」ではなく、漁師さんたちが海から学んでいる「循環」の論理を今一度、原点から考え直してみる必要があるのではないだろうか。「めぐり」とは「恵み」にも通じる言葉であるのだから。

注

1 石巻市桃浦の後藤市之助さん（大正九年生まれ）によると、桃浦のカツオ船では、カツオを捕ってきたときに、ワキロシなどの若い衆がカツオを二本、船主の家に持っていくが、その魚の刺し身をつくるときには、カツオの頭を切り、ホシを抜いて、それを「海に返しにいった」という。ここでも「海に返す（戻す）」という表現がされている。

2 新地町史編纂委員会編（一九九三）『新地町史 自然・民俗編』四一二～四一三頁、新地町教育委員会

3 緒方正人（二〇二〇）『チッソは私であった 水俣病の思想』二二四頁、河出文庫（初版は葦書房より二〇〇一年に刊行）

4 大石又七（二〇〇三）『ビキニ事件の真実 いのちの岐路で』五〇頁、みすず書房

5 鹿島町史編纂委員会編（二〇〇四）『鹿島町史 第六巻 民俗編』一〇六頁、福島県鹿島町（現・南相馬市）

6 高取正男は「もっとも近代的な観念を結晶させている核の部分」に「ひたすら抽象化を拒否してきたものであるだけに、かえって久しく生きのこる力」をもったものが存在すると述べ、「禁忌意識」のような始原的な心性を対象化しようとしている（高取正男〈二〇二三〉『民俗のこころ』一〇二頁、ちくま学芸文庫［初版は朝日新聞社から一九七二年に出版］）。

「喪の行為」と「居場所」を考える

国際日本文化研究センター教授　磯前順一

誰が誰に何を残しうるのか

被災地で生き残った被災者の人々と調査や聞き取りを続けてきた人たちとの関係が、この十年以上の歳月の中で、今どのようなものになっているのか。本稿でそれを考えてみたい。「鎮《ちん》魂《こん》」という行為を、傾聴を前提にしながらも、傾聴の対象にどのように距離をとるかという観点から論を起こしていこう。

福島泰樹《やすき》さんという絶叫短歌の詩人を知っているだろうか。東京・下谷《したや》にある寺院の僧侶（住職）の福島さんは、絶叫短歌というパフォーマンスを通じ、言葉という表現行為によって、弔《とむら》われることのない死者の魂を鎮《しず》める空間を作り出してきた。彼は関東大震災から始まり、東日本大震災を通して現在に至る死者たちの魂を弔うため、リズムに乗せた短歌をお経のように詠《よ》む。まるでイタコのように。しかし、そこにおいて観客との間にどのような空間が構築されて、観客は何を体験するのか。フロイトの言うところの「喪の行為」。そこでは、悲哀の嚙みしめ方が問われなければならない。

では、悲哀とは、一体、誰を主体とするものなのか。それはとりもなおさず、私たち一人一人の悲哀である。私はこの試論において、自分の心の闇の中に下りていきたい。福島泰樹さんのように、あるいは福島県の、被災して今も苦しむ人たちとともに。そこにおいて、おのずと「何を遺すのか」という行為の意味が明らかになる。死者から誰が、何を受け継ぐのか。震災の死者たちから、心を傷つけた人たちから。その受け継ぎ方にこそ、精神分析でいう「転移（transference）」、聴き手と話し手、あるいは表現者と語られる対象、さらには聴き手との間の紐帯《ちゅうたい》のあり方が問われる契機があるだろう。死者を弔うことは、生者にとっては現世を生きる意味をもたらす行為となる。

東日本大震災からの十余年、多くの研究者たちは、被災者の気持ちを理解してあげたいと思って、被災地の外から被災地へと押しかけて来た。自分が被災者の代弁者であるかのように。事実、学者たちはたくさんのことを語り、その成果として研究資金を獲得したり、大学内での肩書を昇進させたりした。しかし、その社会的な野心が満たされていく中で、被災地を訪れる人の数は減少していく。

そうした状況の中、震災の三年後、私の友人が仙台の大学に就職した。その友人は家族も自身も被災してない。だから家族も家も失っていない。しかし、自分の勤める大学には、被災した経験を有する地元の学生たちがたくさんいる。家族を失ったり、家財を失ったり。そうした自分の経験を咀嚼《そしゃく》するために、学生たちは自分の卒論の主題に取り組む。心の区切りをつけるためである。しかし、被災経験を共有していない友人には、それがつらい作業となる。被災地の只中《ただなか》において、自分が紛れもない外部者、被災していない非当事者に他ならないことを、その都度突きつけられているように感じるからである。

宮城県女川で「私はここで何ができるのだろうか」
と考える筆者（2011年4月）

彼は自らに禁止していることが一つあった。分かったふりは決してしない、ということである。当事者に寄り添いたくても寄り添えないということは、どんなに好意的な相手に対してでも、理解できない世界がこの世の中には存在するという翻訳不能性に対する認識ともいえる。

その翻訳できない状況を踏まえて、友人はこう言った。「寄り添えない人間の無能さを自覚し続けながら、被災地に立ち止まるのだ」と。訳せない自分を歯がゆいと思いながら、一生その場に居続ける。それは、ものを語る人間がまず自覚しなければならない限界に直面する勇気であり、誠実さのように私には思われる。

だからこそ、今改めて被災地について筆を執ろうとするならば、「かわいそうだね」という同情を自分の善良さとして語るのではなく、そこで蠢《うごめ》く自分の心の動きが何なのかを自己分析することが求められるだろう。当時、被災者の人たちから「俺たちは見せ物ではないんだ」という不満があがっていたことは私も耳にしていた。それでも、せっかく来てくれたのだから、来訪者たちの機嫌を損なわないようにと彼らは話をしてくれたのだろう。

死者のざわめく声の中で

拙著『生者のざわめく世界で　震災転移論』が二〇二四年三月に刊行された。そこで論じているのは、震災で津波にのみ込まれる事態とは、物理的にのみ込まれるだけでなくて、感情的にのみ込まれてしまい、生き残っても心が損なわれてしまいかねないことである。死者に対しては、生き残った家族は必ず罪悪感を抱える。生きていては申し訳ないと感じてしまう。死んでしまいたいという感情が人から人へと感染していくさまを、私はフロイトに倣《なら》って「転移」と呼んだのだ。

被災地に対して被災地の外側の人間だって、申し訳ないとは思うだろう。だが、被災地の外側では、置かれる状況がまったく異なっている。被災地の外側では、被災地に行かなければ、震災という出来事をなかったことにすることさえできる。結局のところ、死者の思いを自分が訳せると過信していた研究者たちは消え去っていった。むしろ、訳することができないと感じていた者たちが今も被災地に踏みとどまり続けている。翻訳することはできないけれども、なんとか聴こうとし、その原光景を垣間見ようと被災地にとどまって活動しているのだ。

では、十年以上の歳月がたってみて、彼らにとって被災地のざわめきというのは、どのように聴こえているのだろうか。津波にのみ込まれていった人たちがたくさんいる。第一に、それは被災地で死んだ人たちを指す。しかし、それ以外に感情の津波にのみ込まれた人たちは日本全国には数えきれないほどいる。例えば、生き残った者たちの罪悪感。被災地に行ってみると、「あぁ、ここで祖母の手を離してしまった」というような場所がある。祖母が目の前で波に消えていってしまった瞬間。手を離さざるを得なかった人は、いかなる事情があれども、その瞬間を生涯忘れることはできないだろう。

こうして、生き残った人たちも罪悪感という感情の津波にのみ込まれていってしまうのだ。二〇一五年に刊行された拙著『死者のざわめき　被災地信仰論』の時点では、そうした被災した人たちの感情をくみ取ろうとすることで私は精いっぱいであった。その聴き届け方の質までは、自分自身に問いかける余裕がなかった。

今になって当時を振り返ると、多くの者たちは死者のざわめく声に取りつかれていたように感じる。事実、奥野修司の『死者の告白　30人に憑依された女性の記録』（二〇二一年）によれば、傾聴をうたい文句とするカフェ・デ・モンクの主催者、金田諦應《たいおう》さんのところには霊に取りつかれて困っているという人が何人も訪れることがあったという。その霊を落としてほしいと、僧侶である金田さんに頼みに来たのである。霊に取りつかれてしまう人は、総じて死者の思いに耳を傾けすぎてしまう傾向にあるように思われる。

試行錯誤を繰り返した結果、傾聴という行為は百パーセントの共感を持って理解してあげるというのではなく、むしろ語り手の言葉に距離を置いて、価値判断を停止し、とにかくその場に立ち止まって共在する方が望ましいことが分かってくる。宗教現象学でいう「エポケー」、価値判断の停止である。被災者の声を耳にしたときに、その声にとらわれないで、どのようなメッセージをその言葉の奥底に読み取るのか。それが傾聴行為において一番大切な技術である。

しかし、相手の発する感情に取りつかれると、負の転移が起きてしまい、聴き手の心がその感情に伝染病のように感染してしまう。悲しみや被害者意識など、感染したときには、さまざまな心の波に自分の気持ちが思いもよらぬ場所に運び去られてしまう。そう、今でも心の津波は日本全国を覆っているのではないだろうか。

閉じることのない心を抱えて

現在では、被災地を訪れる人の世代が大きく変わってきている。福島などでは、卒業論文や博士論文を執筆中の二十代の若者たちが、企業の新人研修などを含めて、多く来訪するようになっている。彼らは必ずしも東日本大震災を同時代的にはっきりと記憶している世代ではないのだけれども、さまざまなメディアで流されるこの震災の情報に触れる中で、やはり実際に現地を訪れて、何らかの形で被災地との関わりを持ちたい人が多いように見える。

二〇二〇年頃から、再び被災地に関する書籍や研究が増え始めている。そこでの被災地という言葉は、圧倒的に福島を指していることが多いのは大きな特徴である。例えば、福島第一原発周辺の帰還困難区域を扱った、三浦英之の『白い土地　ルポ 福島「帰還困難区域」とその周辺』（二〇二〇年）、第一原発の事故現場に命を懸け、救助・救急搬送を行った消防士たちを描いた、吉田千亜《ちあ》の『孤塁 双葉郡消防士たちの3・11』（同）など。それは、心身共にずっと被災した状態に置かれている人たちの、その完結しない物語をどう閉じるかという問題への取り組みなのである。あの日から閉じることのない心を抱えたままの人が、今も福島にはたくさんいる。

仙台のある大学で集中講義を行ったときのことである。ゲストスピーカーにお呼びした山形孝夫先生が、見えないものを語ることの大切さについて話をしたとき、「実は私、似たような体験があるんです」と手を挙げた学生がいた。その学生は、石巻市の大川小学校にボランティアに通っていたのだが、そこでは児童の家族がまだ見つからない子どもの遺体を懸命に捜していた。その家族が彼女に「うちの子が遊んでいるのが見えますか。あなたの目の前で。今、うちの子が遊んでいるのですよ」と、毎回のように尋ねるのだという。「どのように答えたらよいのでしょうか」と、彼女はつぶやきました。

その質問を受け、山形先生は、「つらかったね」とねぎらいながら、「見えないものを語るのが宗教学であり、宗教者の仕事ですよね。世の中の出来事は目に見えるものがすべてではないのですから」とやさしく答えられた。その学生は「本当は、私は逃げていたんです。見えるのが怖くて。見えないようにと逃げていたんです」、そう言って、泣き始めた。結局、その日はもう講義にならなかった。

翌日、講義に行くと、昨日泣き出した学生が「昨日は、ごめんね。泣いちゃったけど、話せてよかった」と言ってほほえんだ。罪悪感も含め、自分の感情を初めて公にし、クラスの仲間たちとそれを共有できたことがよかったのだろう。ああ、形にするという行為は大事なんだと、そのとき私も思った。

それでも、その中で一人だけ、笑わない学生がいた。その学生がどこから来たかというと、南相馬。福島第一原発の放射能被害にあった町であった。彼女は淡々と自分の置かれてきた状況を話す。自分は震災から実家に一度も戻っていない。福島市や郡山市と、家族と共に住まいを転々としてきた。自分はたまたま仙台の大学に合格したから、今、仙台に安定して住めるけれど、両親は今でもずっと転々としているのだ。

彼女はこう言った。「皆さんはいいですね。泣けるから。うちの村の人は泣けないんです。表情がないんです。だって、いつ村に帰れるか分からない。家族もいない。泣けることがうらやましいです」と。クラスの仲間への皮肉でも何でもない。本当の実感を正直に述べただけだ。しかし、ほほえみかけていたクラスの雰囲気がガラッと変わったことも事実であった。

私はその学生のことが心配になりました。家族のように仲のよい、朝から晩まで一緒に研究室にいる仲間たちでも、震災から何年たっても、お互いの心の問題に触れることはできなかったのだ。それだけ心の闇は深く、皆、その暗部を見ることを恐れていたのだろう。

しかし、南相馬から来た学生は「私、大学院に行こうと思う」と別れ際に、にこっと笑って私に言った。「自分もまた見えないものに形を与えていきたい」と言ったのだ。だから、自分はいっぱい勉強するんだ、と。村の人たちの感情、自分の感情、――そういった見えない感情に形を与えてあげたい、ということだ。それが本当の勉強だと私も思った。心の底から湧き出る思いを形にして、他者と共に生きようとする。それが何よりも、学問を支える動機なのだ。

悲しみを噛みしめる「喪の行為」

フロイトによれば、「喪の行為」とは、死者や眼前の悲しんでいる人、あるいは自分の被った悲しみに対して、自分にはなすすべがないこと、その無力さを認めることである。悲しみなんて全然平気だ。悲しくも何ともないと思っている人は、実は既に悲しみに心が壊されている。逆に言えば、自分が悲しみで「壊れている」と分かる人間は、完全に悲しみでつぶされてはいない。悲しみを否定することなく、その感情を噛みしめること。精神科医の北山修が説くように、それが「喪の行為」なのである。

日本では三十三回忌や五十回忌に弔い上げをするのが、日本古来の先祖崇拝に仏教的な意義づけが加えられた習わしである。弔い上げとは、故人に対する法要を個別に営むことを切り上げ、先祖の一部として祀《まつ》り上げることを意味する。宗教民俗学で死生観を研究する鈴木岩弓《いわゆみ》の表現を借りるならば、二人称としての死者としての追悼をやめ、すぐに三人称の死者の記憶として忘却の彼方に消滅させるのでなく、二人称でもない三人称でもない「二・五人称の死者として」非個人の一部に繰り込むのだ。長い時間が経過する中で、個人に対する悲しみが薄らぎ、生者の非力を自分で受け入れられるようになる時間ともいえる。そうして、ようやく心の中の悲哀の感情に蓋を閉じることができるようになる。その最後の締めくくりの行為が弔い上げである。ちょうど、故人を知っている縁者がこの世から消えて、祀る側にあった生者たちも死者の列に加わる時間の節目に当たる。

放射能汚染の影響や中間貯蔵施設が建設されることで福島の故郷に戻れない人たち、あるいは補償金を打ち切られて無理やり故郷に連れ戻される人たちもいる。たとえ自分が戻ったにせよ、多くの知り合いたちは戻ってこない。その地域で唯一建てられたスーパーに買い物に行くと、そこのお客は皆、原発関係の作業員、外部から入ってきた短期の男性労働者ばかり。その町にかつてあった穏やかな日常は帰ってこない。そこでは死者の弔いが完遂していないどころか、生者自身が日本社会に存在していない死者のように扱われている。

岩手や宮城に、その地域ならではの弔い方があるように、福島にもまた福島ならではの弔い方があるはずだ。しかし、福島の中に弔い方の違いが既に生じてしまっていることに人々は気づいているだろうか。確かに同じ浜通りならば、南部に位置するいわきは弔い方が仙台などと同じように閉じている。宮城県に接する北部の相馬もまた閉じているといえるだろう。

閉じていないのは、その中間地域にある福島第一原発周辺の帰還困難区域である。そこにはかつてのように家は残っていても、そこで暮らす住民はいない。明かりがともっているとすれば、そのほとんどは単身赴任の原発関連作業員に共同住宅として貸し出されている住宅だ。

このように福島では現在、二種類の被災者ができてしまった。少しずつ「喪の行為」の完遂に向かい始めた人たちと、心の傷をずっと抱えて、死者との関係を閉じられない人たちである。さらにその外側には、東日本大震災の被害を深刻に受けなかった、私たちのような地域の人間がいる。東日本大震災の残した爪痕から考えたときには、こうした三層構造が日本社会を分断してきたことが分かる。

結局のところ、日本社会総体としては、福島が今も抱える被災状況をなかったことにしたい。だから、心を閉じられない人たちの痛みや傷を不可視のものにすり替える否認の防衛機制が働く。善意で被災地を訪れる研究者たちもまた、無意識裏にせよ、この否認の構造を定着させるために、一役買ってしまうこともある。

『想像ラジオ』(いとうせいこう著、二〇一三年)という震災で亡くなった人たちを扱った小説を覚えているだろうか。震災からほどなく出版されたこの小説を読んだとき、死者の声に想像力を巡らせようという、死者に対する傾聴の話だと私は思い込んでいた。しかし、今になって読み返してみると、そんな単純な話ではない。突然死んだ人間は自分が死んだことさえ気づかないことが多く、今も生きているかのように喋《しゃべ》りまくっている。それがあらすじである。まるで自分が死んだことに気づかない地縛霊《じばくれい》がその土地に縛られて、成仏できないと思われているように。

著者のいとうせいこうが言いたかったのは、死んでいることに気づかず喋り続けている死者たちにその死を気づかせることで、死者を死者らしく弔ってあげる必要性なのだ。日常的な死は自分の死期を悟って、次第に近くなる死を徐々に受け入れる準備を進めつつ、亡くなっていく。それに比べて、震災による突然死は、死期を悟る時間さえ与えてくれない予測不能な出来事であるといえよう。

だからこそ生者にできることは、死者たちの無念の気持ちを収めて、成仏させてあげることなのだ。成仏のための傾聴行為であれば、それはそれでよい。ただし、それが現世に対する執着を深めるお喋りを続けさせる契機になってしまってはいけない。傾聴とは、死者や被災者の心の傷を鎮めるためのものである。だからこそ、北山修が言うように「良い加減に」

聴き分けるという技術が求められることになるだろう。

居場所を心の中につくる

二〇二三年十一月に私は『居場所のなさを旅しよう』という本を高校生向けに出版した。人間が批判的に現実を見抜いて生きていくためには、社会的な居場所がない旅をしていくことも必要だと説いたものである。その多くを、私は福島をはじめとする被災地を往来する人たちから学んだ。ここでいう被災地とは東北の海岸部だけではない。阪神・淡路大震災や熊本地震など、今や災害列島とも呼ばれる日本各地で被災した場所のことでもある。

そこで学んだこととは、第一に、既に居場所を有している人たちは、自分の既得権益が損なわれることについては多くを語らないことである。事実、私のような首都圏に住む人間たちは、福島の原発事故を「かわいそうだね」とは言っても、福島から送られてくる電力を自分が使用することをやめようとは言わない。自分の日常生活が根本から損なわれてしまうからだ。

被災者が自分たちを取り巻く状況について被災地で発言することがいかに難しいことなのか、少しでも想像力を巡らせるならば容易に理解できるだろう。それは、研究者の日常とて同じことである。自分の生殺与奪権を握っている者に対して、苦情が言いにくいのは、生活者としては当然のことだ。しかしだからこそ、せめて嘘をつくことはやめようではないか。嘘をつくぐらいだったら、口をつぐんでいた方がよい。公共空間で言葉を発することは難しくても、心の中では何でも考えることができるだろう。口を封じられた不自然な状況にあるから、その異常さに気づくことが可能になるのだ。

一番怖いこと。それは多くの人と自分が違うことを認めるのが怖いから、考えることをやめてしまうことだ。現実に対して心の底から隷属してしまうことである。では、隷属するとはどういうことなのか。当たり前のように現実の体制的な考え方に右へ倣えしてしまうことだ。その結果、自分が屈服している状況が自覚できなくなる。現実の負けを負けと認識できなくなること。恥を恥と感じなくなること。これほど取り返しのつかない敗北はない。まさに否認である。

しかし、もし現実に屈服した状況に意識的にとどまるなら、私たちは現実に対して精神的

〝景色がなくなった〟仙台空港付近で息子と立つ筆者（2011年4月）

に対峙できることになるだろう。ポストコロニアルの思想家、酒井直樹はこうした心的構えを「踏みとどまること」と呼んだ。そのとき、人間は「居場所のなさ」へ、インド人の英米文学者ホミ・K・バーバが言う「隙間（in-between）」の状態を感じざるをえなくなる。

自分の居場所が宙ぶらりんだからこそ、居場所のなさに苦しむ被災者の人たちの話に耳を傾けることが可能になる。被災者が聞かれて恥ずかしいことは、被災地の外で被災者の代弁者のような顔をして語らない。海外に出掛けて、日本人を代表するような態度で被災地を語ってよいことにもならない。それが聴く者の倫理なのだ。

民衆思想史家の安丸良夫がかつて語ったように、

自身の居場所を有さないことと引き換えに、表現者は一般の人たちを語る権利を有するのだ。だから、他人を語る表現者には一生涯、居場所がないままである。孤独であるという覚悟がないと、いつかどこかで誰かにおもねることになる。だとすれば、表現行為において、他人に弱みを握られていないことが肝要になる。

視点を変えてみれば、社会的な居場所などなくても、精神的な居場所を見いだすことはできる。居場所がない人には、ないがゆえに、おのずから居場所ができてくるものなのだ。それが「共約不可能なものの共約性」と呼ばれる絆のあり方である。

例えば同じテーブルの上に、ミシン、ネコの置物、消しゴム、こうもり傘などが置かれている。みんな違った種類のものだから、どれが一緒でどれが違うかといった議論がそもそも成り立たない。みんな性質が違うものなのだ。同じ物差しでは測れないという意味で、「共約不可能な」比較不能な関係にある。しかし同時に、同じテーブルに載っているという点では、同じ場に属する「共約可能な」関係にある。同一視することができない関係にあることに気づくときにこそ、事物は「共にあること」ができる。同一視できない認識こそが、共通の居場所をつくる契機になるのだ。

居場所がなくて、居場所が欲しくて仕方のない人間こそが、居場所が見失われる状況を恐れているのではないか。そうした人間の抱え込んだ不安が、差別や排除を作り出す。居場所など本当は存在しないのに、居場所があると信じ込みたいから、居場所を持っていない人間を吊るし上げる。

他者の眼差しのもとで主体育む

日本社会がどれだけの矛盾を生み出しながら電力を作っているのか。東北など辺縁の地域に社会全体の矛盾を押し付けてきたのか。その事実を否認するとき、東北という場所はないことにされる。反対に、被災地を苦しめてきたのは自分たちだと自覚したとき、被災地の人たちと話をする条件が整うのだ。そして東北の内部にも、例えば宮城県と福島県のように震災の影響が大きく異なる地域が出てきてしまった。同じ福島の内部であってさえ、第一原発周辺の地域と他の地域では抱える課題はまったく異なっている。

被災地に行って、最初から被災者の本音を聞けることなどない。よほどのことがないかぎり、誰でも自分の心の内を見ず知らずの他人に語ることはまれだ。確かに東日本大震災はそのまれなケースであった。だから、ある一定数の被災者は外部の宗教者たちに、凡庸《ぼんよう》な人間とは異なる宗教世界に身を置く者と信じて、自分の傷ついた心の内を打ち明けてきた。

それでも、やはり知らない者同士がむき出しの言葉を率直に語ることは難しい。自分の感情にのみ込まれて、過剰な語りになったり、逆に沈黙し引きこもったりしてしまう。そもそも、一般の人間は率直な言葉にのせて自分の心の内を語る技術を育む機会を有していない。言葉にして語る行為とは、技術が伴ってこそ初めて可能になるものだからである。

だから、タクシーの運転手や祈念館の職員、宿泊施設の関係者など、被災地を往来する多様な人たちの交流のただ中に身を置く立場の者、それゆえさまざまな情報が耳に入ってくる人たちから、私は主に聴き取りをすることにした。被災地とその外部の中間、あるいは被災者の中間、こうした中間者の人たちから話を聴かないと、外部の者が被災地の全体を俯瞰《ふかん》する記述を行うことは容易ではない。

多くの被災者の言葉は、彼らが言語表現の練達の者ではない以上、孤立した点として存在するにとどまる。そのままでは、全体像を示す線にはならない。だから、自分たちの経験してきた出来事が被災地としてどのような絵柄を描くのか、その全体像を知りたいのだ。それに応えるのが、学者としての他者への応対、すなわち学者の責務である。

言葉を通したにせよ、通さないにせよ、私たち生者は死者の思いを引き受けることで、他者に対する、逃げ場のない責任を背負うことになる。それは自分一人なら、どのようにでも歩むことのできる浮遊した主体を、他者の眼差しのもとで、その歴史的過去から聞こえてくる声に応答する主体性を持った主体へと成熟させる転回（conversion）に他ならない。

既成でない言葉生む機会に

ずいぶん前のことだが、テレビのニュース番組で荒浜（宮城県）の海水浴場が再開する話題が取り上げられていた。リポーターが海辺にいるおじいさんに尋ねた言葉に私は耳を疑った。「今も亡くなった方が眠っている海で泳ぐって気持ち悪くないんですか」と尋ねたのだ。「私の孫娘が眠っているんだよ。大切な孫娘と一緒に泳ぐことが、気持ち悪いはずがない」。そうおじいさんは答えた。遺族として当然の思いだろう。

でも、死者と一緒に泳ぐだけでなくて、私は再び浜辺まで泳いで帰ってきたいと考える。実は、その途中で海中に溺れてしまう人もいる。たくさんいる。海底の死者に引っ張られて。それというのも自分が死にたいから。自分が生き残って申し訳ないと思っているから。本当は生きているのがもうつらいと思っている。でも、私は被災地を巡っている中で、精いっぱい泳ぎ切って浜辺まで戻らなければと思った。自分が一緒に死んでしまう代わりに、彼らの思いを胸に、彼らの物語を本にしようと考えたのだ。

そうでなければ、死者は再び無念の思いとともに海底に沈んでいくだろう。そうであったとしたならば、本当に浮かばれない。所詮《しょせん》、それは自分の家族が震災で損なわれなかった非当事者の理屈なのかもしれない。でも、当事者ではないからこそ、それができるのならば、自分は非当事者のきれいごとという批判を引き受けたいと思った。

非当事者が当事者の話を聞いて、今の日本社会には居心地の悪い物語を読者に発信していきたいと思う。どれほど社会に疎《うと》まれようと、それができなくては、何のために遺族の無念の思いに耳を傾けたのかということになってしまう。もちろん、全面的につらいだけのもの、例えば被災した当日そこにどれだけの数の死体がどのような形で打ち上げられていたかという詳細な記述を書くことには、私も意味を見いだすことができない。読者たちがどこかに愛情を持って受け止められるような、居心地の悪い物語を発信する必要がある。

地域からものを考えることの大切さを私は被災地に関わる人々から学んだからこそ、自分もまた自分ならではの、これまで積み重ねてきた学問を通して貢献をしたいと思う。自分なりの学問の経験といえば、やはり海外とのつながりだと思う。まず地方に根っこがあって、それが海外のつながりで言語化されていく中で、それぞれ固有の経験が理論的なものとして普遍化されていく。

そうだ。私もまた世界のさまざまな地域を回ってきた経験を生かして、各地の経験を「共約不可能なものの共約性」として翻訳していきたいのだ。いままで誰も使ったことのない言葉で書いてみたい。福島や東北の経験というのは、広島や長崎の経験と同じように、そんな既成の言葉では決して語り切ることのできない世界なのだ。別の言い方をすれば、こうした未曾有の出来事に関わった人間というものは、既成のものではない言葉を生み出すチャンスに巡り合っているともいえる。

静かだけれど力強い表現者に

自分が状況に流されない洞察力を備えた言葉を有するために、自分の内面に結界を張り巡らせるのだ。容易に社会的権威や富に同化されることのない、孤高の精神を、である。そこから言葉が生まれるとき、社会に対する見方のプリズムを変える可能性が生まれる。被災者との関連で述べるならば、自他の抱える痛みに対する受け止め方が変わるのだ。そこで、絶叫短歌の福島泰樹さんが語るような弔い方、その痛みを忘れないという生き延びた者たちの決意が問われることになる。

福島さんが絶叫短歌を詠む空間では、何かが生まれている。いや、空間そのものが非日常的なものへと変容する。言葉とは弔いであると、福島さんはライブ会場で私たち聴衆に話してくれた。自分の言葉で、関東大震災で虐殺された人たちの無念の思いに耳を傾けたいと語った。成仏できない者たちの声をこの現世のライブ会場に招き寄せ、私たちが皆で耳を傾ける。涙を流す。痛みを体感しようとする。

福島の原発周辺で故郷を失い、その魂もいまだ十分には弔われていない人たちに対しては、やはりその無念の気持ちを招き寄せて、言葉にしていかなければならない。そう、生者に伝わる言葉に、死者の言葉を翻訳していかなければならない。一方で、もしかすると宮城県や岩手県では、もはや死者たちは安らかに眠らせてくれと言っているのかもしれない。

成仏した魂とこれから鎮魂しなければならない魂では、同じ死者でもその扱い方は異なるものなのだ。近代であれば、広島や長崎で亡くなった人たち。沖縄や北海道、あるいは朝鮮半島や台湾の旧植民地の人たち。長い苦しみの末の死、あるいは自分が死んだことさえ気づけなかった突然の死。そうした死を遂げた人たち、そして今も同様に死にゆく人たちが無数にいるのだ。

福島さんの弔い方でもっとも興味深いのは、泣きながらも、彼自身は自分のパフォーマンスに対してどこか冷めていることだ。だから公演が終わったら意外なほど冷静である。何かその絶叫するしぐさも、人々に悲しみから距離を置かせる笑いを含んだものになっている。そうした、したたかな二重性をもった表現者に私もなりたいと思う。自分が学者であろうとするかぎり、彼らが強いられてきた困難な状況にふさわしい言葉を、静かだけれど力強い言葉を語れるようになりたいと念じている。

大震災と文学——俳句を中心に

文芸批評家　井口時男

文学は変わらなかった

二〇一一年三月十一日のあの大震災から一月もたたない四月の初め、批評家仲間と居酒屋で飲んでいたら、ある男が、関東大震災後に文学は大きく変わったが、この震災でも文学は変わるんじゃないか、と言い出した。

私は言下に、変わるはずがない、と答えた。

——なるほどこれから数年は震災を主題にした詩や小説が増えるだろうが、それは一時的な現象にすぎない。文学が変わったと言えるためには、文学の考え方自体が変わり、小説や詩の書き方、技法が変わるのでなければならない。たしかに関東大震災後にはいわゆる「新興文学」が出現して大きく変わったが、新興文学の中心になったプロレタリア文学もモダニズム文学も実は震災前から始まっていた。そこに震災が来て東京が壊れ、「モダン都市」として復興して近代都市生活が始まった。だから坪内逍遥《しょうよう》『小説神髄』の言う「世態《せいたい》、風俗、人情」のすべてが変わり、素材からテーマから表現の方法まで、文学は変わったのだ。しかし、この東日本大震災は、どんなに津波被害が大きくても、原発事故があっても、やられたのは東北地方の太平洋沿岸部である。自分も地方の出身だが、残念ながら地方がやられてもこの国は変わらないし、日本の文学も変わらないだろう。——私の反論をきっかけにちょっとした議論になったので、一カ月後にあらためて座談会を開いたりした（座談会「大震災と文学」、『文芸思潮』第四一号）。

実は私は、大震災の数年前から、文芸ジャーナリズムのあり方や文学や批評に対するいくつもの失望、幻滅体験が重なって、急速に現代文学への関心を失っていたのだが、それでも、この震災に文学はどう向き合うべきか、自分なりに考えてはいた。
たとえば――大地震と大津波、加えて原発メルトダウン、この惨状に直面しては誰でもしばし言葉を失う。その深刻な失語から発語に至るために、事態を俯瞰《ふかん》し論評するマスコミやジャーナリズムの言葉とちがって、文学の想像力は己が実存という暗い通路を通らねばならない。だから文学の言葉は遅れる。しかしその「遅れ」によってこそ文学は現実を超える可能性を持つのだ、と。
またたとえば――富士川のほとりで泣く捨て子にわずかな食い物を投げ与えて、すべては天命、「汝が性《さが》のつたなき（を）なけ」と言い捨てて旅をつづけた芭蕉『野ざらし紀行』を踏まえて、文学の倫理と現実倫理は位相が異なる、文学の倫理は非情なのだ、と。
さらにたとえば――坂口安吾の一切を笑いによって肯定するファルス論や深沢七郎の晴朗無比な人間滅亡教などを思い浮かべながら、最終的には、文学はこの悲惨をどう書いてもよいのだ、極端にいえば、この悲惨を笑ったってよいのだ、たとえ「不謹慎」と誹《そし》られようが、それが文学の自由というものだ、と。

震災関連の作品も多数読んだ。書評や時評の依頼があったからだが、中では、自作の童話めいた短編『神様』を放射能汚染後の土地に移し替えて改作した川上弘美の『神様2011』(私はこれをさっそく当時編集担当だった高校国語教科書の教材に採用した)、原発事故をシニカルな毒のある笑いにまで変換しようとする気構えも見えた高橋源一郎の『恋する原発』、故郷を離脱した自責の念を根底に踏まえた石巻出身の辺見庸《よう》の詩集『眼の海』、社会の危機と自分自身の老年の悲哀を重ねた大江健三郎『晩年様式集』などが、特に印象に残っている。それらの書評や時評の大半は、多数のエッセーとともに、自分なりの証言のつもりで、『大洪水の後で――現代文学三十年』(二〇一九年)に収録してある。

しかし、私に特に印象深かったのは室井光広のエピソードだった。

ボルヘス論で批評家としてデビューし、『おどるでく』で芥川賞を受賞した室井光広は福島県の会津地方の出身だった。彼は大震災後、何も手につかず、ただ新聞に載っている津波で被災した土地の名前を大学ノートに書きとめるだけの日々だったという。まるで「写経」のように、とは本人の弁だ。後日私は、大学ノートの頁を切り取って貼り付けたその「写経」を見せてもらった。死者の名を呼ぶのは最も沈痛な鎮魂の営みである。辺見庸『眼の海』にも、ひたすら、津波にやられた海や浜辺の植物たちの名を呼ぶ詩があったが、室井光広は失語に耐えつつ、死者たる土地の名前を呼び続けていたのだった。

こんな大災害に直面しては、文学は無力だ、という思いは誰の胸にも兆《きざ》すだろう。私もそのように思い、そのことをあちこちで語り、また書いた。しかし、言葉は無力だ、と言葉で語り言葉で書いたのだった。なんとも堪《こら》え性《しょう》のない物書きの習性、惰性である。しかし室井光広はその無力に沈黙で耐えたのだ。物書きにとって沈黙することこそが誠実の証明である、という逆説的なまでに深刻な事態のあることを、私は彼から教えられたのだった。

私は前年夏に決めていた通り、震災直後の三月末で大学を退職したが、室井光広はその翌年春に大学教員をやめ、文芸ジャーナリズムからの「引退」宣言をし、やがて、「てんでんこ」という小冊子を出し始めた。津波が来たらてんでんこに（各自一人一人で）逃げろ、という東北の言い伝えで有名になったあの言葉、「てんでんこ」だ。そのころすっかり俳句に関心が移っていた私はその「てんでんこ」に師もなく仲間もない自己流の俳句を載せ始め、それが深夜叢書社《そうしょしゃ》社主の齋藤愼爾《しんじ》の目にとまって句集出版に至ることになる。そのため、小説や批評からはすっかり離れてしまったが、大震災によっても文学は変わりはしない、という私の推測に誤りはなかったろうと思う。なにしろ原発政策すら元に戻ったのだ。「悔い改める」ためには人は何度も何度も懲《こ》りなければならないものらしい。（なお、室井光広は二〇一九年に、齋藤愼爾は二〇二三年に、亡くなった。）

俳句だけが変わった――虚子と碧梧桐の誤りから敗戦まで

ところで、俳句の世界に入ってみて分かったことがある。文学ジャンルの中で実は唯一大きく変わったジャンルがあった。それが俳句だった。

大震災後、俳句界では多くの震災詠《えい》が発表された。その象徴が俳句四協会による『東日本大震災を詠《よ》む』（朝日新聞出版、二〇一五年三月刊）である。四協会（国際俳句交流協会、日本伝統俳句協会、俳人協会、現代俳句協会）の呼びかけに応じて投句された二千六百句以上が収録されている。また、巻末には「東日本大震災に関する俳句からの主なアプローチ」として、俳句総合誌の特集号が四十一、俳誌の特集号が百五十八、句集が七十四冊、載っている（二〇一四年十二月時点での集計）。膨《ぼう》大《だい》な数だ。

本書は現代俳句協会の呼びかけに他の三協会が応じてなったものだそうだが、なにより有季定型を固守する俳人協会と（高浜）虚子《きょし》直系を標榜する日本伝統俳句協会が参加したのが画期的なのだ（一九九五年の阪神・淡路大震災に際しては朝日新聞出版から『阪神大震災を詠む』が出版されているが、それは「朝日新聞歌壇俳壇編」、つまり俳壇としての動きではなく、あくまで朝日新聞限定の編集だった）。

実は、ほぼ九十年前の関東大震災後には震災詠はほとんどなく、しかもそれは当時「ホトトギス」によって俳壇を支配していた高浜虚子の俳句観に基づく指導の結果だった。だから、この変化は単に量の問題だけでなく、背後には俳句観の決定的な変化がある。

一九二三年（大正十二年）九月一日、関東大震災に鎌倉で被災した虚子は、しかし弟子たちに大震災のことを詠むのを禁じたし、自分でも詠まなかった。背後には、俳句というものは春夏秋冬滞りなく循環するおだやかな自然を詠むものだという虚子の俳句観があった。大震災などという非常の事態を無理に詠もうとすれば五七五が乱れるから詠むな、ということである。

なるほど一理ある。しかし一理しかない。大地が大きく揺らげば暮らしが揺らぎ心も揺らぐ。被災の苦しみ哀しみ、恐怖や不安、絶望、安堵《あんど》、祈り、様々な感情が渦巻く。心の揺れ動きを感動と呼ぶのなら、感動を詠むなというのは極めて不自然な指導だ。この不自然が罷《まか》り通ったのは、ひとえに「ホトトギス」がほぼ全俳壇を支配していたからにほかならない。詠んで投稿しても投稿先である「ホトトギス」雑詠欄が虚子の選によるかぎり、掲載されることはないのである。しかもこの時期、虚子は明確に、主観の抑制を説くいわゆる「客観写生」を主唱していたのだった。

一方、明治末からの「新傾向」俳句によって一時期俳壇に旋風を巻き起こして自由律運動にまで発展していた河東碧梧桐《かわひがしへきごとう》の一派は退勢の一途にあった。それでも、虚子の「避社会性」に対して「接社会性」を打ち出していた碧梧桐は「震災雑詠」十八句を発表している。その最初と最後の各三句だけ引く。

松葉牡丹のむき出しな茎がよれて倒れて
蟬がもろ声に鳴き出したのをきく
投げ出してゐる足に日のあたるまま
四谷から玉葱の包みさげて帰る日

水道が来たのを出し放してある

塀の倒れた家の柚子の木桑の木

しかし、碧梧桐の自由律は感動を凝縮できないし、描写が主眼だからリズムも凝縮できない。そのため、どれも散文の切れ端みたいに見えてしまう。しかも事態や感動の中心をわざと外したかのごとく、選ばれたのは極めてトリヴィアルな事象ばかりだ。この十八句では大震災の一端すら分からない。詠むなと指導した虚子も不自然だが、詠んだ碧梧桐の詠み方も不自然なのだ。

実は碧梧桐は震災詠と同時に被災体験を「大震災日記」として発表している。九月一日から九日までの記録で約四万字（四百字詰め換算約百枚）にも及び、俳人仲間の見舞いを兼ねて東京各所を精力的に歩き回り、悲惨な光景を記録していて、なかんずく、朝鮮人暴動のうわさに興奮する自警団やみずから混乱を助長させているかのごとき警察の動きなどの蒙昧《もうまい》ぶりを批判するなど、開明的知性の冴《さ》えを見せている。だから、そうした「大問題」は散文に記録し、俳句では「小さな」事象だけを詠む、という意図的な書き分けの意図も読み取れるのだ。

素材に応じてジャンルを使い分けるのは一つの見識である。しかし俳句というものの表現能力を極めて低く見積もった見識だ。

　こうした俳句観の根本原因は彼らの「写生」観にある。震災を詠まなかった虚子もトリヴィアルな細部だけ選んで詠んだ碧梧桐も、俳句の機能を写生に限定し、しかも写生の中心を「描写」としてとらえている点で同じなのである。写生（写実）は当時のリアリズム思潮の俳句への適用だが、十七音の描写（現実模写）能力が貧弱なのはあたりまえだ。実は写生句でも、描写以前に対象選択と組み立て方（構図や構成）が大事なのだが、リアリズムというパラダイム（思考を規制する枠組み）に支配されていた彼らはそのことを明瞭に意識化できなかったのだ。俳句作法で構成を重視する論が出てくるのはやっと昭和の新興俳句からである。

　「写生」を唱えたのは彼らの師の子規だった。しかし、子規において写生は、類想によってマンネリ化していた「月並俳句」を打破するための手段だった。西洋画のスケッチに倣《なら》った自然観察を通じて自然の多様性を発見し、ひいては表現の多様性を切り開こうとしたのである。だが、弟子たちは子規において手段だった写生を目的化してしまった。写生は自然の模倣再現を目指すから、想像力による虚構は虚偽（ウソ）として排除される。その結果、俳句は現実に従属してしまって、表現として自立できなくなる。

しかし子規はそうではなかった。「俳諧（連句）」の発句を「俳句」として独立させた子規は、五七五を近代の「詩」の一ジャンルとして自立させようとしたのである。だから彼は「文学の標準は俳句の標準」（『俳諧大要』）だと言う。「作品」としての俳句の評価基準は文学（詩）の評価基準と同じだ、ということだ。

俳句が文学としての「表現」であり、「作品」であるならば、それは究極には言葉だけで自立した世界である。そこでは事実（ホント）と虚構（ウソ）などという現実を「標準」とした区別はなくなる。だから彼はこうも言う。

「空想と写実と合同して一種非空非実の大文学を製出せざるべからず。空想に偏僻《へんぺき》し写実に拘泥《こうでい》する者は固よりその至る者に非るなり」（同前）

「空想」とは想像力の所産としての虚構のこと。写実（現実）と空想（虚構）の両方を合同させて「大文学」を創出すべきなのだ。これが俳句を近代の「詩」たらしめんとした子規の「初志」である。この「初志」に照らせば、虚子も碧梧桐も写生にのみ「偏僻」し「拘泥」した者にすぎまい。

子規は近代文学の理念を正しく把握していた。しかし、子規自身はこの理念を実現できぬまま早世し、高弟二人、高浜虚子と河東碧梧桐は手段と目的をはき違えて、子規の「初志」など忘れてしまったのである。

とはいえ、虚子や碧梧桐だけを責めるのは酷《こく》かもしれない。実際、リアリズム（写実、写生）は時代を支配するパラダイムだったのであり、小説だってリアリズムに「拘泥」したあげく、作家が私生活を切り売りする私小説へと「偏僻」したのであって、「非空非実の大文学」という理念の復活は戦後文学まで待たなければならなかったのである。

さて、昭和に入ると、虚子は「花鳥諷詠《かちょうふうえい》」ということを言い出す。「花鳥」は和歌以来の美的自然。詠み方すなわち方法論としての「客観写生」に加えて、俳句の主題（素材）が限定されたのである。人事や社会的事象は禁止されたわけではないが、「花鳥」と調和する範囲内に制限される。虚子の「避社会性」の新たな展開だ。もっとも、「諷詠」は韻律に乗せて詠むことを意味するから、「客観」の縛りは少しゆるめられた。「ホトトギス」内にくすぶっていた「客観写生」に対する不満への配慮である。

しかし、不満は爆発する。一九三一年（昭和六年）、まず水原秋桜子《しゅうおうし》がエッセー「『自然の真』

と『文芸上の真』」を発表して「ホトトギス」を離脱する。秋桜子が言うのは、タイトルどおり、自然界の真実と文芸上の真実は位相が違う、虚子の指導は両者を混同し、かつ自然界の真実を上位に置くものだった、それは間違った指導だった、ということに尽きている。それは文学論の基本だが、これが反「ホトトギス」のマニフェストとなって、一群の若い俳人たちが秋桜子に続いた。この反「ホトトギス」の運動を総称して「新興俳句」と呼ぶ。関東大震災後に出現した「新興文学」に倣った命名である。

子規の改革開始からほぼ四十年、ここに初めて、「作品（テキスト）」が現実の支配から離脱して自立することになったのである。同時に、想像力の自由が確保され、主観性（抒情《じょじょう》）が解放されて青春性の表現が可能になった。また、近代的素材や都会生活を素材とすることで旧来の田園情趣と異なる新鮮な感覚表現が可能になった。

その意味で、子規の改革の「初志」を継承したのは、虚子でも碧梧桐でもなく、昭和の「新興俳句」だったのである。つまり、新興俳句は、「文学（詩）」と「標準」を同じくせんとする初めての運動だった。だから、重要なのはポエジー（詩情）である。従来の季語に集約される季節感は広範な「詩情」の一部にすぎない。だから彼らは、無季俳句の可能性を追求するに至る。
彼らはどんな俳句を詠んでいたか。たとえば、

七月の青嶺まぢかく熔鑛炉　（山口誓子《せいし》）　近代工業・構成（二物衝撃）
水枕ガバリと寒い海がある　（西東三鬼《さいとうさんき》）　感覚・隠喩
ちるさくら海あをければ海へちる　（高屋窓秋《そうしゅう》）　抒情・浪漫性
街灯は夜霧にぬれるためにある　（渡辺白泉《はくせん》）　都会
しんしんと肺碧きまで海の旅　（篠原鳳作《ほうさく》）　無季・感覚
蝶墜ちて大音響の結氷期　（富澤赤黄男《かきお》）　隠喩・象徴

彼らは社会的な主題にも積極的に取り組んだ。しかし、一九三一年、すなわち昭和六年はすでに満州事変勃発の年。以後、満州国建国、五・一五事件、国際連盟脱退、天皇機関説事件、二・二六事件、等々と続いて、一九三七年（昭和十二年）七月にはついに支那事変（日中戦争）勃発。激動の時代だ。

文化都市に独裁者の黒き脱糞　（仁智栄坊《にちえいぼう》）
戦争が廊下の奥に立つてゐた　（渡辺白泉）

銃後にあって（しかしまもない徴兵を覚悟しつつ）詠んだ彼らの多数の戦争俳句は「戦火想望俳句」と呼ばれたが、当然、厭戦《えんせん》や反戦の気分が滲《にじ》む。それゆえ一九四〇年（昭和十五年）、彼らはついに言論弾圧の対象となり（京大俳句事件）、つぶされた。こうして、俳句による「社会参加（アンガージュマン）」は始まったとたんに潰《つい》えたのである。対して、「避社会的」な虚子の「花鳥諷詠」論に従った俳人たちは無事だった。以後、俳句界は挙げて戦争に翼賛し、敗戦を迎える。

戦後の社会性俳句と金子兜太の試み

戦後の俳句界は桑原武夫の痛烈な「第二芸術」批判の衝撃から始まる。家元制的な俳句結社や徒弟制的な師弟関係の前近代性、俳句というジャンルの非個性性、無思想性、非社会性が指弾され、これは近代芸術ではない、二流の芸術、「第二芸術」だ、というのがその主旨だ。近代主義者らしい真っ向唐竹割りの裁断である。文学論というよりは社会学的な批判だが、近代化が最重要課題だった敗戦直後である。大半の俳人が身をすくめたり耳をふさいだりしている中で、しかし、虚子は平然と、俳句はいつの間に「芸術」なんぞに昇格したんだ、とうそぶいていたという。虚子という人の、俳句というものに対する達人めいた見切り方（一面では見限り方）がうかがえるエピソードだ。

俳人の大半は、戦時下と同じく、虚子の庇護《ひご》下についた。しかし、空襲や戦場の記憶も生々しく、農村には農地改革、都会には焼け跡と戦災孤児とアメリカ兵、占領解除後には各地に基地問題も生じ、社会的問題事象は俳人の身辺にも山積していた時代である。「身辺」自体が「社会化（政治化）」していたのだ。桑原の批判を正面から受け止めて「近代」を目指そうとした若い俳人たちはふたたび社会的主題を詠むようになり、そうした俳句は「社会性俳句」と呼ばれた。「社会性俳句」は、あくまで文学に軸足を置きつつも、労働運動、組合運動や民主化運動と連携して、新たな「社会参加（アンガージュマン）」の運動としての広がりももっていた。

ただし、「社会性俳句」にはジレンマがある。社会批判のメッセージ性を強めれば大衆伝達性は高まるがスローガンめいてしまうし、詩性や表現性を高めれば大衆伝達性が弱まってしまうのだ。かといって、妥協的にソフトな文学性に収まろうとすれば、社会的主題に詠嘆《えいたん》や抒情を添えた作品を量産することになるが、それでは自然的事象（花鳥）を素描して詠嘆を添える「花鳥諷詠」の社会性版にすぎまい。

このジレンマを打破するためには俳句の表現方法そのものを変えなければならない。その課題に最も果敢に挑んだのが「社会性俳句」運動の先頭に立っていた金子兜太《とうた》だった。メッセージ性も表現性もともに高度化するために、彼は意味性を強く帯びたイメージ、すなわち隠喩や寓喩《ぐうゆ》の力を動員しようとしたのである。

たとえば、

夏草より煙突生え抜け権力絶つ　一九四八年ごろ
原爆許すまじ蟹かつかつと瓦礫あゆむ　一九五五年ごろ
彎曲し火傷し爆心地のマラソン　一九五八年

一句目、生命力旺盛な夏草よりもいっそう強い生命力で伸びゆく煙突は工場労働者の結集した力の隠喩、または象徴。背景には労働者による工場自主管理の思想などがあるかもしれない。イメージも意味も鮮明だ。

二句目、反原爆の歌「原爆を許すまじ」からの流用によってメッセージは鮮明だが、そのままではスローガンめく。そこに詩性を附与するのが小さな「蟹」のイメージ。巨大な原爆の威圧に抗して「かつかつと」足音高く歩む蟹は、胸張ってスクラム組んで行進する小さきデモ参加者たちの隠喩である。

三句目は長崎での作。無季俳句だが真夏の炎天下であろうことは誰にも分かる。イメージは鮮烈だが意味性は前の二句ほど明瞭ではない。しかし、真夏は広島と長崎に原爆が落とされた季節。爆心地をよろめくように走る疲弊したランナーたちの姿に原爆被災者たちの幽鬼のごときまぼろしが重なる。三句目の時代、兜太はすでに「社会性俳句」を突き抜けて、表現性の高さゆえに、「難解派」とか「前衛俳句」とか呼ばれるようになっていた。

「社会性俳句」は主として一九五〇年代の現象だった。一九六〇年（昭和三十五年）の安保闘争（の敗北）を転機として、俳句界も保守化に転じる。無季を容認し社会的主題にも積極的に取り組んできた「現代俳句協会」が分裂し、脱退者を中心に有季定型を掲げる「俳人協会」が結成されたのが一九六一年である。

ちなみに、ここで俳句界の主要組織を概括しておけば、まず一九四六年、戦前のプロレタリア俳句からの流れを汲《く》む「新俳句人連盟」結成。文学における「新日本文学会」の場合と同様、「政治と文学」の路線対立でまもなく多数の脱退者が出た。その脱退者たちが中心になって一九四七年に「現代俳句協会」結成。「現代俳句協会」からの脱退者が一九六一年「俳人協会」結成。「日本伝統俳句協会」は、現代俳句協会のリーダーである金子兜太が朝日新聞俳壇の選者になったことへの不満や危機意識をきっかけに、虚子の孫である稲畑汀子《いなはたていこ》が「花鳥諷詠」精神の継承を謳《うた》って一九八七年結成。

あらためて、現代俳句協会の呼びかけに俳人協会や日本伝統俳句協会が応じて三派が加わり編まれた『東日本大震災を詠む』の画期性がお分かりいただけるだろう。

かくして、やっと、どこの俳句協会に属していようと（いうまでもなく、どこにも属していなかろうと）、社会的事象を自由に詠める時代になったのだ。

私の定義では俳句は「雑の詩」である。「雑」は「古今集」の部立てでいう「雑（ゾウ、ざふ）」

ではなく、現代語の諸事雑多の「ザツ」。自然でも人事でも社会問題でも、なんでも即座に（もちろん時間をかけて苦吟してでも）詠める短詩なのだ。だから、「社会性俳句」などと事々しく命名する必要もない。そんな命名は、俳句ジャンルの「避社会性」の根深さを示しているにすぎない。当然、自然界の異常事象としての大震災も人間界の異常事象としての戦争や犯罪といった「悪」だって詠めるのだ。

俳句の象徴性と東日本大震災俳句——鎮魂と再生の祈り

さて、二〇一一年九月十一日、大震災からちょうど半年後のその日、前日仙台での仕事を終えた私は、松島に住む旧友の軽トラに便乗して、閖上《ゆりあげ》、東松島、石巻と、津波に襲われた海岸ばかりを廻った。（この旧友は二〇二一年に亡くなった。）

小雨もよいの黒ずんだ空の下で同じく黒ずんだ海は穏やかだったが、津波の傷あとは生々しかった。人々の暮らしの一切が攫《さら》われた海辺に立って、私は金子兜太の句を思い出していた。

人体冷えて東北白い花盛り

東北の遅い春の景だ。もう四月だろう。寒い日だったのかもしれないが、「人体冷えて」は尋常でない。「人体」という日本語は誰の身体でもない。解剖学的なまなざしによって突き放されたものである。つまり、この「人体」はすでに半ば死んでいる。現にそれは「冷えて」いる。ならばこれは、半ば死者となった語り手のまなざしに映る死後の風景なのか。そういえば、東北は古来、敗者の国、死者の国、「都」にとっては境界の彼方、異界、他界だったのだった。そんな東北の歴史さえ思わせる。

「白い花盛り」は大津波による死者たちに自然が手向けた大きな花束のようにも思われる。鎮魂の花束だ。しかしまた、白い花は俳句の約束通りなら桜の花。日本民俗学の知見によれば、桜の花盛りは豊作を予祝するのだという。つまりそれは、死者たちへの鎮魂であると同時に、破壊された土地のよみがえり（黄泉がえり）を予祝してもいるのだ。

実はこれは一九六七年（昭和四十二年）に詠まれた句なのだった。私はそれを知っていた。それを承知で、しかし私は、強引にも、鎮魂と再生への祈りの両義をあざやかな「白い花盛り」

のイメージに託したこの句を、東日本大震災の震災詠の白眉《はくび》に数えたいのである。

私のこんな強引な読みが可能なのは、俳句はその短さゆえに固有の時間空間に固定されないからである。それは記録性や写実性の機能としては欠陥である。必要な情報は前書などで補うしかない。しかしまた、それは時空を超越できる長所でもある。五七五に凝縮されたイメージは、特殊な個別状況を消去して無時間性を獲得し、いわば時空を超えて不変（普遍）の象徴の域にも接近できるのだ。

象徴性は俳句の至高の姿である。そもそも広大な自然をわずか十七音に凝縮すること自体が、たとえ潜在的にせよ、象徴性への試みを含んでいるのである。

たとえば、前述の通り、碧梧桐は震災詠十八句の冒頭に〈松葉牡丹のむき出しな茎がよれて倒れて〉を置いていた。そして、関東大震災の記録として最も広く読まれている田山花袋《かたい》『東京震災記』にはこんな一節がある。新宿の電車通りの景だ。「あらゆるものがすべて曲って、歪んで、いびつになっているように見えた。」

花袋の文章は破壊された都会の大きな光景全体についての印象である。同じことを碧梧桐は松葉牡丹の茎という小さなものに託して詠んだのだ、とも思えてくる。ならば、小さな松葉牡丹に生じた異常は、大きな自然界全体に生じた異常の象徴だった、だから碧梧桐は、ただ無作為に、または体験順に、十八句を羅列したのでなく、この一句の象徴性を重視して意図的に冒頭に据えたのかもしれない、という推測も可能なのである。

また、「新興俳句」の例句に挙げた富澤赤黄男の〈蝶墜ちて大音響の結氷期〉も、「蝶」を美神の象徴と解して、美神（芸術）が墜ちて世界が凍りつく世界大戦の到来（またはその予感）を寓意しているとも読めるのである。

最後に、東日本大震災詠で私の記憶に残っている句をいくつか紹介しておく。いまや俳句はこれほど高度な表現性を獲得したのである。

山川草木悉皆瓦礫佛の座　（齋藤愼爾『陸沈』二〇一六年）

「山川草木悉皆成仏」という天台本覚思想を凝縮した有名なフレーズを踏まえた一句。しかし「成仏」が「瓦礫」になった。信仰なき現代人の実感である。「佛の座（ホトケノザ）」は新年の季語。小さな雑草で、葉が仏像の蓮座のような形のためこの名があるが、ここでは「瓦礫」

に変えられてしまった「成仏」のささやかな代替物でもある。小さな葉っぱの蓮座の一つ一つに、小さな仏たちが座しているようだ。死者たちの「成仏」を願う作者の思いが描き出したまぼろしである。なお、この句集のタイトル「陸沈」は『荘子』に由来する言葉で市井の隠者を意味するが、この一句から逆に句集タイトルを見返せば、まさしく陸が沈む大津波のイメージもかぶるだろう。

永瀬十悟《とおご》『三日月湖』（二〇一八年）から二句。

村ひとつひもろぎとなり黙《もだ》の春

原発事故による高濃度の放射性物質のために強制立ち退きになった村だろう。ひもろぎ（神籬）は神祭りの場の中心で、降臨する神の依り代《よりしろ》。無人無音の村はまるで、人間というあらゆる不浄の源泉が排除され清められて聖域と化したようだ。村は瀕死の自然の復活を祈る神籬か。しかし、降臨するのは懐かしい小さな八百万《やおよろず》の自然神たちではなく、原子力の悪しき化身たる核兵器という巨大な破壊神かもしれないという不気味さもある。我々は一体いくつ「神籬の村」を創り出せば「懲りる」のだろうか。

末黒野《すぐろの》や一本の葦立ち上がる

「末黒野」は春の野焼きのあとが黒く一面に残っている野原のこと。そこにいち早くすっくと伸び上がった一本の葦の姿に復活する自然のイメージを託した。

多賀城市在住で最も積極的に震災詠に取り組んできた高野ムツオの句集『萬の翅』（二〇一三年）から三句。

地震の闇百足となりて歩むべし

「地震」は「ない」と読む。「百足となりて」が鮮烈で、読者の身体感覚を強く揺さぶる。

陽炎より手が出て握り飯摑む

炊き出しの光景だろう。切り取った画面の外側からぬっと手が出る。俳句というものの画面の小ささを逆用した名句だ。

泥かぶるたびに角組み光る蘆

これも再生復活の祈りを蘆の芽のイメージに託した。「泥かぶるたびに」が、いくたびも敗北と苦難から立ち上がってきた東北のたくましさを思わせる。むろん永瀬の「葦《あし》」も高野の「蘆《あし》」も、渾沌《こんとん》たる泥の海から最初に蘆の芽が萌え上がったという記紀神話の世界始源のイメージが背後にある。

インタビュー

過去の教訓を共有し新たな安全文化を

――ノンフィクション作家・柳田邦男氏に聞く

危機管理思想の未形成

――二〇一一年の東日本大震災や東京電力福島第一原子力発電所事故を含めて、これまでにさまざまな災害や事故の現場を取材されてきました。日本の危機管理について、どのようにお考えでしょうか。

最も根本的な問題は、日本の政治・行政において、危機管理の基本的な思想が今もって形成されていないことです。東日本大震災や福島原発事故、最近では新型コロナウイルスのパンデミックがありましたが、大きな事件・事故に襲われた時、それに直ちに対応できる政策思想がこの国には欠如しているのです。

一つ象徴的なエピソードを紹介しましょう。東日本大震災が起きる九年前の二〇〇二年七月に、文部科学省の地震調査研究推進本部地震調査委員会が最新の研究成果を踏まえて、三陸沖から房総沖にかけてマグニチュード8級の津波地震が三十年以内に二〇パーセントの確率で発生するおそれがあるとの報告書をまとめました。ところが、発表直前に内閣府の官僚から、「内閣府の中で上と相談したところ、非常に問題が大きく、今回の発表は見送り、取り扱いについて政策委員会で検討したあとに、それに沿って行われるべき」とのメールが送りつけられ、発表を控えるようにという横やりが入ったのです。さらにやむを得ず、発表する場合においては、発表文書の冒頭に、〝この予測は信頼性が低いものなので、防災対策の見直しが迫られているものではない〟というに等しい文章を加えるよう要請してきたのです。

この時、官僚たちが挙げた論拠は屁理屈そのものでした。つまり、歴史的な地震は震源や規模などを科学的に推定する資料が不十分であり、そうした科学的根拠に乏しいデータはこれから起こる地震を予知する対象から除外すべきだ――そんな悪質なロジックなのです。

例えば、平安時代には、東日本大震災と同様に大規模な津波をともなった貞観《じょうがん》地震が起きたと古文書には記されているのですが、これも官僚のロジックのもとでは、参照されないデータにされてしまった。地震学の専門家たちが早くから警鐘を鳴らしていたにもかかわらず、行政は科学の論理をゆがめて事前の備えを怠ってきた結果、東日本大震災の津波被害、そして福島原発事故による惨禍を招いてしまったわけです。

事故が起きる前、福島第一原発を襲う想定津波最高水位は、五・七メートルとされていました。原子炉建屋の敷地は、海面から十メートルの高さにあるので、津波対策は当初の計画で十分だと考えられたのです。ところが、東日本大震災では、高さ十五メートル前後もの津波が福島第一原発を襲いました。浸水防護対策がほとんど施されていなかった原子炉建屋やタービン建屋は扉が破壊されて水没しました。建屋上層の換気口などは簡単に破壊され浸水口になりました。一号機から四号機すべてが全電源喪失という事態に陥りました。冷却機能が失われた原子炉内部ではやがて炉心融解（メルトダウン）が始まり、ガス状になった放射性物質が外部に漏れ始めたのです。その後、原子炉建屋が水素爆発で吹き飛びました。

当時、国や東電の責任者は異口同音に事故は「想定外」と言いましたが、現実は専門家たちの警鐘に耳を貸さなかっただけです。福島原発事故の取材を進める中で、私が心底あきれたのは、非常用ディーゼル発電機は、各号機ともに故障した場合に備えて設置していたのですが、地下階に並べていたために、ともに水没して動かなくなってしまったのです。予備の発電機だけでも上層階か高台に設置しておくという発想がなかったわけです。原発事故は決して想定外などではなく、国や東電の安全性確保への思考停止が招いたものだと言わざるを得ません。

――危機管理の思想を構築する上では、どういった点が大切でしょうか。

危機管理の思想には、五つの原理があると考えています。

第一の原理は、平常時において最悪の事態をリアルな形で想定し、その事態を乗り切る具体的な対策に全力を上げて取り組むこと。第二の原理は、小さなトラブルであっても最悪の事態への進展を予測して拡大を防ぐこと。第三の原理は、危機管理対策は一般受けするような項目を掲げるのでなく、その実効性を確保できるだけの組織・人員・資材の裏付けをあらかじめ準備しておくこと。第四の原理は、関係者間の情報連絡、特にリスクコミュニケーションとその連絡・周知の方法・手段を円滑に行えるようにしておくこと。そして、第五の原理は、一つの政策を実施した時、計画通りに目的を達成できずに混乱が生じたり挫折したりした場合、実戦部隊とは別の冷静に客観的に判断できる検証チームが速やかに失敗の要因や背景の分析を行い、最高責任者がその報告に基づいて政策の変更や中止を命じ、速やかに事態の立て直しができること。以上のような柔軟で合理的な戦略・戦術の展開ができる組織であることが、第五の原理となります。

東日本大震災と福島原発事故に至る過程を振り返った時、これらの原理がほとんど守られていなかったことは明白です。さらに昨今の新型コロナウイルスによるパンデミックでも、日本にはいまだ危機管理の思想が政治・行政・医療のどの分野においても確立されていないことが露呈しました。

ドイツでは二〇一三年に、国立の感染症研究所であるコッホ研究所が、災害や未知のウイルスから国民を守る国策を推進するために『リスク分析報告書二〇一二』をまとめて連邦政府に提出しました。ここでは二つのリスクを想定したシミュレーションが行われました。一つは異常気象によって山岳部で急激な雪解けが進み、大洪水が起きたというケース。もう一つが、死亡率の高い新型の感染症のパンデミックが発生したというケースだったのです。

コッホ研究所からの提案を受けて、ドイツ全土ではいざという時に速やかにPCR検査ができる態勢が早くから整えられていました。こうしたことから、二〇二〇年初めからの新型コロナウイルスの感染拡大にドイツは早い段階で対応することができたのです。まさに第一の原理で示した、平時において最悪の事態をリアルに想定して、そのための具体的対策を事前に準備していたからこその結果です。

一方、日本はどうだったか。コロナ禍初期においては、多くの国民がPCR検査さえ受けられない状態だった。日本で最初の感染例が見つかったのは二〇二〇年一月でしたが、当時の安倍晋三首相が感染症対策のために世界最大規模の補正予算を組んだと胸をたたいたのが同年五月になってからのことです。初動があまりにも遅く、すべてが後手に回りすぎています。日本に危機管理の思想が欠落していることを象徴する場面でした。

――福島第一原発事故の政府事故調査・検証委員会では委員長代理を務められましたが、そこでは、どのような点を強調されてこられたのでしょうか。

最も強調したのは、被害の全容調査です。原発事故が起きると、いかに広域にわたって人間と環境に致命的な被害が生じるのか。それを具体的に把握しなければ、その後の被害者への支援対策は中途半端なものにならざるを得ませんし、危機管理の教訓を今後に生かすためにも、全容調査は必要不可欠です。

政府が行ったのは、原発周辺地域の汚染状態や、震災関連死の数、農業生産の被害額といった、いずれもマクロな数字で捉えられる被害ばかりです。しかし、原発事故はミクロな視点においても、個々の被害者に多大なダメージを与えました。長期の広域避難による家族の離散・崩壊、ふるさとの喪失、被災者のＰＴＳＤ（心的外傷後ストレス障害）など、被害者にとってはすべて死活問題と言えます。これらすべての調査を行うことを強調してきました。

全容調査の大切さは、日本の公害の原点とも言われる水俣病の歴史から学んだことです。水俣病がなぜ原点と呼ばれるのか。それは単に被害の規模の大きさからだけでなく、公害発生時に国が即時に原因究明に乗り出さず、対応を遅らせ深刻な被害を拡大させたという、日本の危機管理や災害対策の思想の欠如を象徴しているものだからです。

水俣病が公式に確認されたのは昭和三十一年（一九五六年）でしたが、その原因が特定されるまでにはさらに歳月を要しました。三年半後の昭和三十四年（一九五九年）十一月に、厚生省（現：厚生労働省）の食品衛生調査会は、当時の渡辺良夫厚生大臣に、水俣病の主因をなすものは、水俣湾周辺の魚介類に蓄積されたある種の有機水銀化合物であると答申しました。この頃には、熊本大学研究班の調査によって、原因物質が工場排水にあるのではないかとの指摘もされていました。

翌日の閣議で渡辺大臣はこのことを報告しましたが、これに待ったをかけたのが後に首相となる池田勇人通商産業（現：経済産業）大臣でした。池田大臣は、有機水銀が工場から流失したとの結論は早計であると反論し、結果として国による強制的な工場排水の規制や、漁獲規制がされることはなかったのです。当時の測定技術では有機水銀を正確に分析する技術がなく、有機水銀説を完全に立証するのは困難でした。結局、政府が水俣病はチッソ水俣工場による公害と断定するのは、昭和四十三年（一九六八年）まで九年を待たねばなりませんでした。その結果、規制されなかったその九年間で、さらに多くの水俣病患者（重篤な患者だけでも数百人）を生んでしまったわけです。

高度経済成長の重要な担い手だったチッソを擁護するために、当時の政府は原因の特定を意図的に九年も遅らせて、チッソによる水銀化合物のたれ流しを規制せず、水俣病患者を激増させてしまった。こうした悪しき構図を赤裸々に示したのが水俣病を巡る国の一連の対応でした。さらに言えば、水俣病の患者の救済措置をめぐっての裁判は、公害病と認定されてから半世紀以上たった今も続いています。背景にあるのは、国が示した患者認定の厳しい基準です。国が厳しい基準に固執することで、病で苦しむ人たちは心身ともに深いダメージを負うのです。

水俣病が公害の原点と呼ばれるのは、こうした危機管理における日本の悪しき文化を象徴するからであり、これと本質的に同じことが東日本大震災・福島原発事故の対応でも繰り返されているのです。

――こうした現状を変えるには、どのようなことが必要でしょうか。

原発事故に限らず、航空事故でも鉄道事故でも、事故がなぜ起きたか、どうすれば対策を立てられるかを根本的に考えていく時に、二つの考え方が大切になってくると思います。

一つは、「組織事故」という観点から対応を練っていくことです。仮にある事故の起きたきっかけが、表面的には現場の人間のヒューマンエラーだったとしても、彼らがそうした行動を取ってしまった根本の原因を丹念に調べていくと、その組織文化や風土に潜んでいる深刻な欠陥が影響していることが分かります。これを組織事故と呼びます。

事故原因を調査する際に用いられる手法に「なぜなぜ分析法」というのがあります。ある事象を分析するにあたって、事故原因に関わるさまざまな要因について、徹底して「なぜ」と問い続けることで、その根本の原因を究明するという手法です。私も検証作業に加わった、二〇〇五年のJR西日本福知山線の脱線転覆事故も、この手法を用いて分析していくと、やはり組織事故であることが浮かび上がってきました。

あの脱線事故は、時速七十キロを超えてはいけないカーブで、運転手が時速約百十六キロで進入したことで引き起こされました。では、運転手はなぜそのような行動を冒してしまったのか。直前の要因は前の停車駅である伊丹駅でオーバーランをしてしまい、頭が真っ白になってしまったからです。では、なぜ運転手はそこで冷静に対処できず、パニックに陥ってしまったのか。それは、以前に運転手が同様のミスをした時に、上司たちから人格否定に近いくらいの叱責を受けており、自分はクビになってしまうかもしれないと強い恐怖を抱いてしまったからでした。

そして、事故の原因を遡《さかのぼ》っていくと、「日勤教育」と呼ばれる、ミスを犯した乗務員に対して行う懲罰的な研修制度の影響があったのです。根本的には、この研修制度を作った組織の経営陣の制度作りの意識に問題があったのです。

福島原発事故もまた組織事故にほかなりません。航空や鉄道以上に、多くの人々の生命と生活に関わるのが原発です。したがって、最も安全性を確保しなければならないはずなのですが、先ほども述べた通り、現実には十分な対策がなされないまま事故の日を迎えてしまったのです。日本に真に危機管理の思想や安全の文化を築いていくためには、組織が根本的に抱えている悪しき文化や風習にメスを入れていかなければなりません。

もう一つの大切な考え方は、私が提唱している「辺縁事故論」です。これはあるシステムが安全であるという時に、確かに運転や稼働の中枢的な部分は精密に作られてはいるものの、その中枢の機能を支える周辺システムに破綻が生じて、それが結局は中枢にまで波及して大事故が起きてしまうという事態を指します。

福島第一原発事故を例に考えると、確かにシステムの中心に当たる原子炉の炉心や格納容器などの設計は緻密になされています。ところが、非常用ディーゼル発電機が浸水する場所に置かれているなど、危機管理上ではいくつもの盲点があったわけです。このため、福島第一原発は全電源喪失という事態に陥りました。

また実際に福島第一原発事故の直後には、格納容器内の圧力を下げるベント（高圧の放射性ガスを放出すること）という作業を行わなければならなかったのですが、電源が失われた状態でベントを実施するには、手動でベント弁を開くという方法しか用意されていませんでした。電源が失われているというのは、その時点で原子炉に非常事態が発生しており、放射線被ばくのリスクも高まっていると考えるのが自然です。それにもかかわらず、停電時でも放射線を浴びずに操作できる方法が設計されていたわけでもなければ、独立した電源を確保していたわけでもなく、人間の手動による操作しかなかったのです。結局この時は、現場の作業員たちが文字通り命がけでベントに取り組みました。組織のかじ取りを担う首脳部の怠慢のせいで重大な事故が生じた時に、いつも危険にさらされるのは、現場の人間なのです。

さまざまな事故を見ていると、辺縁で起きるトラブルがシステムの中枢を破綻させることが数多くあります。辺縁というと、ささいなことのように聞こえるかもしれませんが、実際には人間の生命や安全に直接関わってくるところです。だからこそ、辺縁から中心を逆照射して安全かどうかを検証するという視点を持つことが、安全の文化を創る上で極めて重要であると考えています。住民の生命の安全を考えて、そこからシステムを逆照射する。そうすると、予備電源の設置場所は適切か、事故の際の避難経路は本当に確保されているのかといった問題を真剣に検討することができます。

原発事故における安全性を守る責任をめぐる裁判の中で、東電の経営陣らは、津波対策や原発の細かい技術的な話についてまで、経営レベルで把握するのは不可能に近いといった趣旨の発言をしましたが、傲慢極まりない話です。本来、住民の生命に直結する話を「細かい」問題であるとして、わきに置いていいはずがありません。辺縁からの逆照射は、こうしたシステムの不完全さを浮かび上がらせるのです。

被害者の視点から事故を捉え直す

――能登半島地震でも明らかなように、災害が起こるたびに、新たな問題が露呈します。こうした前提の上で、どう対策を立てていけばよいでしょうか。

地震についていえば、大津波を伴うような海溝型地震と、地殻の比較的浅いところで起きる、突き上げるような揺れを起こす内陸型地震の二つに大別できます。それぞれの地震で、生じる被害が異なるため、個別のシミュレーションが必要だと思います。

能登半島地震では孤立した集落が多く見られました。これは南海トラフ地震が発生した際に、西日本の海岸部で同様の事態が生じる可能性を示唆するものです。辺地が孤立したらどのように対応するか。能登半島地震が発生した直後には、自衛隊のヘリコプターが現地に向かいましたが、着陸場所がうまく見つけられず救援活動が円滑に進まない場面も見られました。辺地での災害の根本的な対策を考えるために、国は新たな枠組みの議論をする必要があるでしょう。実はこれは有事の際における国防の問題にもつながっています。

自然災害にしても、感染症のパンデミックにしても、国民の生命に直接関わる事柄については、政権が変わろうが変わるまいが、継続して取り組むべき課題です。日本の地形的特徴を考えた時に、それぞれの震災がどういった被害を生むのか。その全容を徹底的に調べ、国や地方自治体はそれらを踏まえた上で防災対策を想定する。まさにドイツのコッホ研究所が行っているシミュレーションのように、日本も具体的な対策を立てていかなければなりません。

能登半島では今世紀に入り、地震が何度も起きていました。その能登半島の地震でさえ、事前に対策が立てられていなかったのです。繰り返しになりますが、やはり日本に安全・安心の柱となる危機管理の思想を築くことが急務です。

――震災や事故の記憶を継承していくために必要なことは何でしょうか。

二十一世紀に入ってから、自然災害の被災者や、さまざまな事故の被害者たちがつながり合うという、新しい文化が生まれつつあります。これは二十世紀には見られなかった現象で、私は希望を持って注目しています。

一九八五年八月十二日に日航ジャンボ機の墜落事故が起き、その約四カ月後に「8・12連絡会」という被害者家族の会が発足しました。ご遺族の方は毎年八月十二日に御巣鷹山《おすたかやま》に慰霊登山をしているのですが、ここに他の事故や自然災害の被害者も集ってくるのです。そして、それぞれのメモリアルデーに互いに慰霊訪問を実施し、そのつながりを深めていく。エレベーター事故や、御嶽山《おんたけさん》噴火、そして津波被災など、実に多様な被害者がつながり合う時代になっています。

事故や災害には個別性があると同時に、共通性もあります。そこでさまざまな災害・事故の被害者が集い、語り合って、重なり合う教訓を共有して、それを未来へとつないでいく。こうした傾向は、これからの事故や災害の予防において、また安全な社会を作る上で、最大の原動力になります。

喪失の悲しみが生み出した新たな安全文化が今、大きく動きはじめ、うねりを作って、社会を変える原動力になりつつあるのです。

――「被害者の視点から事故を捉え直す」という動きが始まっているということですね。

　被害者の苦しみや悲しみがどれほど深いか。それはやはり他人には推し量り難いものがあります。事故や災害というのは、決してその時に何人の犠牲者が出たのかという統計の話だけではなく、一人ひとりの犠牲者にかかわるその家族や関係者の人生にも深い悲しみの影を落とすのです。システムの安全性がどうかというシステム的な話にとどまらず、生きている人間が生活・人生を破壊され、家族を破壊され、命を奪われる。そのリアルな全体像を見つめながら、安全の本質とは何かということを広く国民が共有できる、そうした文化を創らなければなりません。そのためには、被害者の肉声は不可欠なのです。いくら専門家が高尚な理論を積み上げていっても、それだけでは必ず抜け落ちるものがあります。それがまさに、生きた人間であり、生きた家族であるのです。大切な人が突如として奪われることで、残された人たちは社会の中でどれほどつらく寂しい思いを抱えながら生きていかなければならないのか。そこに目を向けることができれば、多くの人にとって事故や災害は人ごとではなくなると思います。

最近、行政も少しずつ変わってきていると思うことがあります。二〇一二年に、国土交通省に公共交通機関の事故に遭われた被害者や家族をケアするための支援室がつくられました。公共交通機関での事故の被害者に対してしっかりと支援対策を組むべきだという被害者の要望から設立され、その支援アドバイザーに8・12連絡会の事務局長を務める美谷島《みやじま》邦子さんが委嘱されました。大切な家族を亡くした時に、遺族はどういった思いになるか。行政はどのような支援の手を差し伸べればよいのか。それを現場で助言するシステムができたのです。国や自治体や関係企業は単に事故の被害者に補償金を支払えばそれで終わりということはなく、悲しみに寄り添って真摯《しんし》にケアしていく取り組みの必要性が国の行政システムの中で認知されるようになったのです。

――こうした活動を支える力の一つにボランティアの存在があると思います。ボランティア活動に期待されることは何でしょうか。

阪神・淡路大震災以降の重要な変化の一つが、日本社会においてボランティア活動が普遍化したことです。社会の中には、行政や医療機関、企業の取り組みだけではどうしても手の届かない隙間が多く存在します。一人ひとりの被災者がどう生活再建するか。街をどう復興させていくか。震災で生じた社会の隙間を埋めていくのが、ボランティアの大きな役割です。

ボランティア活動には大きく二つあります。一つはけがをした被災者の治療や心のケアなど医療従事者による専門職のボランティア、もう一つが瓦礫《がれき》を撤去したり支援物資を仕分けして届けたりする市民ボランティアです。阪神・淡路大震災では両方のボランティア活動が非常に活発に行われました。

特に専門職のボランティアで代表的だったのが、宝塚市立病院で副総看護師長だった黒田裕子さんでした。私も生前には取材を通じて親交を深めさせていただいていました。黒田さんは、東日本大震災でも気仙沼に拠点を置いて、全国各地からやってきた看護学校の学生たちに、被災者のケアの仕方などを熱心に指導されていました。黒田さんは医療従事者としての被災者支援におけるボランティアのモデルケースを築き、後継者の育成にも全力を尽くされたのです。

一方で、今回の能登半島地震では、交通網の遮断された辺地で、ボランティア活動が思うように展開できないという新たな課題が浮き彫りになりました。今、国民の間では、ボランティア活動に対する意識は極めて高い水準にあります。災害が起きれば、すぐに駆け付けたい、あるいは支援物資を送りたいと思っている人や団体が数多くいます。そうした思いを実際の支援に結び付けられるよう、特に辺地での防災対策として、どのようにボランティアなどの受援体制を築いていくかは早急に考えなければならない課題です。

ボランティア活動で明らかになったのは、社会は隙間だらけだということです。特に行政や司法がつくる隙間によって、支援の手が届かず切り捨てられていく被災者は多くいます。そうした観点からも、二十一世紀の日本の安全文化を考えた時に、ボランティアは大きな柱となるに違いありません。

主要参考文献

柳田邦男（二〇一一）『「想定外」の罠　大震災と原発』文藝春秋

柳田邦男（二〇一二）『この国の危機管理　失敗の本質』毎日新聞出版

―執筆者略歴（掲載順）―

石牟礼道子（いしむれ・みちこ）　一九二七年、熊本県生まれ。生後まもなく天草から水俣に。詩人、作家。著書に『苦海浄土（三部作）』『西南役伝説』『椿の海の記』『春の城』『石牟礼道子全集・不知火』（全一七巻、別巻一）など。二〇一八年二月逝去。

山中茂樹（やまなか・しげき）　一九四六年、大阪府生まれ。関西学院大学災害復興制度研究所顧問・指定研究員。朝日新聞編集委員（震災担当）、関西学院大学災害復興制度研究所教授などを経て現職。日本災害復興学会特別顧問。著書に『震災とメディア』『人間の復興』などがある。

津久井進（つくい・すすむ）　一九六九年、愛知県生まれ。弁護士。兵庫県震災復興研究センター共同代表など兼務。兵庫県弁護士会会長、日弁連災害復興支援委員会委員長も務めた。著書に『大災害と法』『Q&A被災者生活再建支援法』『災害ケースマネジメント◎ガイドブック』、『3・11と憲法』（共著）などがある。

藤井克徳（ふじい・かつのり）　一九四九年、福井県生まれ。日本障害者協議会代表。養護学校教諭退職後、東京・小平市での共同作業所づくり等に参加。きょうされん専務理事、日本障害フォーラム副代表等を兼務。著書に『障害者をしめ出す社会は弱くもろい』、詩集『心の中から希望が切り離されないように』などがある。

島薗進（しまぞの・すすむ）　一九四八年、東京都生まれ。東京大学名誉教授。日本宗教学会会長、上智大学グリーフケア研究所所長など歴任。著書に『日本人の死生観を読む』『スピリチュアリティの興隆』『〈癒す知〉の系譜　科学と宗教のはざま』など。共著に『死生学1　死生学とは何か』などがある。

辻内琢也
（つじうち・たくや）
一九六七年、愛知県生まれ。早稲田大学人間科学学術院教授、災害復興医療人類学研究所所長。医師。博士（医学）。米ハーバード大学難民トラウマ研究所客員研究員等を経て現職。専門は医療人類学。著書に『フクシマの医療人類学』、『苦難と希望の人類学』（共編著）などがある。

大澤真幸
（おおさわ・まさち）
一九五八年、長野県生まれ。社会学博士。専門は理論社会学。千葉大学助教授、京都大学大学院教授など歴任。思想誌『THINKING「O」』主宰。著書に『不可能性の時代』『社会学史』『新世紀のコミュニズムへ』『我々の死者と未来の他者』などがある。

川島秀一
（かわしま・しゅういち）
一九五二年、宮城県生まれ。博士（文学）。リアス・アーク美術館副館長、神奈川大学特任教授、東北大学災害科学国際研究所教授を歴任し、18年から福島・新地町で漁師と共に暮らす。日本民俗学会元会長。著書に『漁撈伝承』『津波のまちに生きて』『春を待つ海』などがある。

磯前順一
（いそまえ・じゅんいち）
一九六一年、茨城県生まれ。国際日本文化研究センター教授。文学博士。東京大学宗教学研究室助手、日本女子大学助教授などを経て現職。専門は宗教・歴史研究。著書に『死者のざわめき　被災地信仰論』『生者のざわめく世界で　震災転移論』などがある。

井口時男
（いぐち・ときお）
一九五三年、新潟県生まれ。文芸批評家。東京工業大学大学院教授等を歴任。専門は日本近代文学。著書に『大洪水の後で――現代文学三十年』『金子兜太――俳句を生きた表現者』など。句集に『天來の獨樂』『をどり字』『その前夜』がある。

柳田邦男
（やなぎだ・くにお）
一九三六年、栃木県生まれ。ノンフィクション作家。NHKの記者を経て、作家活動に入り、社会問題・医療問題などのドキュメントや評論を数多く執筆。著書に『ガン回廊の朝』『犠牲（サクリファイス）――わが息子・脳死の11日』『「想定外」の罠　大震災と原発』などがある。

装幀／Nakaguro Graph（黒瀬章夫）
本文レイアウト／エイブレイン

復興《ふっこう》と文化《ぶんか》——常態化《じょうたいか》する災後社会《さいごしゃかい》のなかで

2024年12月10日　初版第1刷発行

編　者　聖教新聞《せいきょうしんぶん》「復興《ふっこう》と文化《ぶんか》」取材班《しゅざいはん》
発行者　松本義治
発行所　株式会社　第三文明社
東京都新宿区新宿1-23-5　〒160-0022
電話番号　03（5269）7144（営業代表）
03（5269）7145（注文専用）
03（5269）7154（編集代表）
振替口座　0015-3-117823
URL　https://www.daisanbunmei.co.jp/
印刷・製本　中央精版印刷株式会社

ISBN 978-4-476-03430-1